Molière : féministe ou ... ?

Arnolphe

Personn... qui change/
      ne change pas ?

l'enseignement : qu'est-ce ?
   (danger du langage)
   (lettre d'Agnès)

Castigat ridendo mores
   elle corrige les moeurs par le rire

Chapeau bas

la monomanie

L'ÉCOLE DES FEMMES

Paru dans Le Livre de Poche :

AMPHITRYON

L'AVARE

LE BOURGEOIS GENTILHOMME

DOM JUAN

LES FEMMES SAVANTES

LES FOURBERIES DE SCAPIN

GEORGE DANDIN
suivi de
LA JALOUSIE DU BARBOUILLÉ

LE MALADE IMAGINAIRE

LE MÉDECIN MALGRÉ LUI

LE MISANTHROPE

LES PRÉCIEUSES RIDICULES

LE TARTUFFE

MOLIÈRE

L'École des femmes

PRÉFACE, NOTES ET DOSSIER PAR PATRICK DANDREY

LE LIVRE DE POCHE
Théâtre

Patrick Dandrey est professeur à la Sorbonne et président de la Société Jean de La Fontaine. Spécialiste de la littérature française du XVIIe siècle, il a consacré à l'étude de cette époque une centaine d'articles et une douzaine d'ouvrages, dont six portent sur l'œuvre de Molière. Parmi eux, *Molière ou l'esthétique du ridicule* (Klincksieck, 1992) traite pour bonne part de *L'École des femmes*, de ses enjeux et de sa signification, à la lumière notamment de la querelle qui s'ensuivit.

© Librairie Générale Française, 2000, pour la présente édition.

ISBN : 978-2-253-03856-6 – 1re publication – LGF

PRÉFACE

Faut-il tenir pour un signe que la pièce ait été créée un lendemain de Nativité — le 26 décembre 1662 ? En tout cas, *L'École des femmes* raconte une naissance : la naissance à l'amour et par l'amour d'une jeune innocente jusqu'alors murée dans l'ignorance, qui s'éveille aux lumières de l'esprit et de l'âme dans les bras d'un agréable écervelé et en dépit d'un vieux tuteur jaloux qui la séquestre et la convoite. Et puis la pièce marque aussi une autre naissance : celle de la grande comédie de mœurs et de caractères. Molière en aura mûri le modèle inédit durant les trois années de tâtonnements et de succès qui se sont alors écoulées depuis son tout premier coup d'éclat parisien : la création des *Précieuses ridicules* en novembre 1659. Trois ans et cinq comédies plus tard, le poète frappe autrement plus fort : cinq actes en vers alexandrins — c'est la forme la plus noble, celle de la tragédie —, une intrigue d'une simplicité d'épure, déclinant en une suite de variations virtuoses une même situation formidable d'énergie comique et d'émotion, approfondie en méditation sur les linéaments du désir ; le tout sur un sujet délicat sinon osé : comment l'esprit vient aux filles... Voilà qui ne pouvait manquer de provoquer une presque révolution sur la scène parisienne d'alors. Le public ne s'y trompa pas, qui fit d'emblée fête à l'œuvre nouvelle, la recette des premiers soirs l'atteste, sans démentir son enthousiasme plusieurs mois durant.

Succès de cœur, succès de mode aussi : confrères jaloux et bigots choqués, doctes théoriciens et courtisans

tapageurs ne tardèrent pas à dénigrer ce triomphe inso-
lent, canalisant l'attention du public sur le comédien-
poète qui tenait l'affiche et le haut du pavé. Pour le faire
rouler au plus bas, calomnies et ragots pleuvaient.
Molière eut l'audace inspirée de ramasser ces bruits
insistants en une synthèse à laquelle il prêta la voix de
sa propre troupe pour donner sa réplique depuis la scène
de son théâtre : il chargea une petite comédie polémique
et critique, justement intitulée *La Critique de L'École des
femmes*, de crever l'abcès. Il y prêtait à ses adversaires le
masque des personnages traditionnellement ridicules de
son univers comique : marquis évaporés, précieuses ren-
chéries, pédants cauteleux, en leur opposant d'honnêtes
gens raisonnables et raisonneurs pour leur damer le
pion. La « querelle de *L'École des femmes* » était née. Le
baptême eut lieu très exactement le 1er juin 1663. Les
confrères pris à partie répliquèrent, sur le même mode et
le même ton : clabauderies de comparses et d'imitateurs
impuissants, on vit surgir ici et là, c'est-à-dire sur la
scène ou dans les coulisses et les couloirs de l'Hôtel de
Bourgogne et, plus discrètement, du Théâtre du
Marais[1], des *Contre-critiques* et de prétendues *Véritables
critiques* de *L'École des femmes*[2]. La polémique s'en enfla,
comme de juste. Molière avait allumé l'incendie, les
cabaleurs prétendirent le brûler à ses propres flammes :
non seulement l'œuvre et son auteur qui était aussi son
interprète principal, mais bientôt l'homme, l'individu
privé devenu homme public, devaient faire les frais de
cet embrasement.

Pour mettre un terme aux insinuations scabreuses et
aux calomnies scandaleuses, le poète médite alors un
second coup d'éclat. Profitant d'une invitation royale à
Versailles au milieu du mois d'octobre 1663, il y donne
le vertigineux montage de son *Impromptu de Versailles* :

---

1. Théâtres parisiens rivaux de celui du Palais-Royal où joue la
troupe de Molière.   **2.** J. Donneau de Visé, *Zélinde ou la Véritable
Critique de l'École des femmes*. Représentation incertaine. Impression le
4 août 1663. E. Boursault, *Le Portrait du Peintre ou la Contre-Critique
de l'École des femmes*. Repr. sept./oct. 1663. Impr. 17 nov. 1663.

cette comédie de coulisses met en scène la répétition
fictive d'une réplique à ses adversaires que lui aurait
commandée Louis XIV. Affectant d'être prise à l'impro-
viste et incapable de satisfaire le désir royal, la troupe
déconfite se tourne vers son chef : l'on en vient à parler
de la querelle et des querelleurs, c'est-à-dire pour l'essentiel des comédiens de l'Hôtel de Bourgogne, et de
leur polémiste gagé, Edme Boursault, auteur du *Portrait
du Peintre ou la Contre-Critique de l'École des femmes*. Lui
et eux sentent siffler le boulet à leurs oreilles, et quelques
traits acérés les déchirent plaisamment. Cependant,
Molière annonce dans le même mouvement et avec la
solennité qu'autorise une parole délivrée sous son identité réelle (la fiction d'une comédie de coulisses l'autorise à jouer le rôle de son propre personnage) son
intention solennelle de ne pas répliquer davantage aux
coups bas et autres malveillances sordides : il gardera
désormais le silence sur le sujet de *L'École des femmes* et
de ses détracteurs.

Moutons de Panurge, les cabaleurs stupéfaits de la
réplique mais parasites de leur ennemi préféré y vont
encore de quelques imitations laborieuses, hommages
bien involontaires à la stratégie de triomphe qui par
deux fois avait permis à Molière de les foudroyer. Ici un
Impromptu de l'Hôtel de Condé, là une *Réponse à l'Impromptu de Versailles* sous-titrée *La Vengeance des marquis*
troublent encore, durant l'automne et l'hiver 1663-
1664, le silence imposé par le poète[1]. Mais bientôt le
coup de tonnerre que constitue la représentation antici-
pée de *Tartuffe*, sorti de l'atelier du maître au printemps
1664 tout frais peint et encore pour partie inachevé, va
orienter les polémistes vers d'autres combats, mettant
un terme à la guerre de *L'École des femmes* ou plutôt la
transformant en cette longue querelle de *Tartuffe* qui ne

_____

1. J. Donneau de Visé, *Réponse à l'Impromptu de Versailles ou la Vengeance des marquis*. Repr. incertaine. Impr. 7 déc. 1663. Montfleury
fils, *L'Impromptu de l'Hôtel de Condé*. Repr. déc. 1663. Impr. 19 janv.
1664.

connaîtra son vrai dénouement que cinq années plus tard, en 1669.

À la réserve près des médisances et des calomnies, les sujets abordés dans le cadre de la polémique théâtralisée qu'a suscitée *L'École des femmes* ne sont pas indifférents. S'y esquissent les conditions d'accueil et d'évaluation de la pièce ; s'y devinent en transparence des *a priori* les interrogations, voire le décontenancement d'une partie du public devant certaines de ses nouveautés ou de ses audaces ; s'y dessinent et précisent enfin les intentions et les conceptions de l'auteur. À en croire la voix de la malveillance, Molière, plat imitateur des Italiens, des Espagnols et de ses prédécesseurs français auxquels il doit son sujet, l'aurait traité contre les règles, en dépit du bon sens et du beau style, festonnant de bouffonneries triviales une languissante rhapsodie de palabres sans action ni intrigue, dont l'obscénité explique seule le succès de mauvais aloi. Bref, à entendre les détracteurs de la pièce, la matière en est pillée, la manière indigente et lassante, le sens immoral et l'effet grossier : portrait de Molière en plagiaire, en tâcheron, en libertin et en paillasse. Passons sur l'outrance ridicule du verdict, pour examiner dans l'ordre les chefs d'accusation : ils concernent successivement les sources de la comédie, sa structure, sa signification psychologique et morale, et la nature de son comique. Le secret de *L'École des femmes* tient, on va le voir, à la synthèse entre les réponses appelées par ces diverses questions.

Les voies de la création

Le sujet, à l'évidence, n'avait rien de très original : l'histoire du barbon qui se fait souffler par ruse sa jeune épouse (ici sa jeune fiancée) par un blondin mieux fait que lui constitue plus qu'une constance du genre comique, peut-être la meilleure incarnation de cet esprit de réversibilité carnavalesque qui le caractérise et qui prend la forme d'une rébellion de la libre nature contre

l'autorité sociale et morale. Il fallait cependant détermi-
ner une optique particulière sur ce sujet très général, un
biais original pour en dégager une situation spécifique.
C'est où intervient le thème de la « précaution inutile ».

Imaginons un homme mûr, épouvanté par la crainte
de devenir cocu, qui se trouve être tuteur d'une orpheline (ou crue telle). Il la fait élever à sa mode, loin du
monde et des lumières de l'intelligence, pour s'en faire,
au terme de cette enfance prolongée, une femme fidèle
à proportion de sa niaiserie obtuse. Mais la ruse se
retourne contre lui : un godelureau de belle allure profite
d'une absence du vieux tyran pour séduire la jeune sotte
qui, du fait de sa naïveté, trompe la confiance du bonhomme sans même savoir qu'elle le fait. Moralité : « Une
spirituelle peut être honnête femme d'elle-même et une
sotte ne le peut sans le secours d'autrui et sans être bien
conduite. » Ainsi se termine une nouvelle du romancier
et poète comique Paul Scarron, intitulée *La Précaution
inutile* (1655). Si la paraphrase rapide que nous venons
d'en esquisser s'adapte si bien à la comédie de notre
poète, c'est que Molière lui a, de toute évidence,
emprunté la situation de sa pièce — et même beaucoup
de ses traits. L'un de ses adversaires majeurs durant la
querelle, le folliculaire Donneau de Visé, frappe juste en
le clamant débiteur de Scarron[1]. Mais ce n'était après
tout qu'un prêté pour un rendu : Scarron s'était
contenté de transposer une nouvelle espagnole intitulée
El Prevenido engañado, recueillie par Doña Maria de
Zayas y Sotomayor parmi ses *Novelas ejemplares y amoro-
sas* (1637). Qui plus est, ce même ouvrage avait été traduit et adapté également en français, en 1656 cette fois,
par Antoine Le Métel d'Ouville, sous le titre de *Nouvelles amoureuses et exemplaires*. Et en 1661 enfin, un
autre poète comique, Dorimon, redevable à Scarron ou
à d'Ouville, l'avait pour sa part tourné en comédie sous
le titre (auquel Molière doit partie du sien) d'*École des*

---

1. J. Donneau de Visé, *Nouvelles nouvelles*, Paris, 1663, 3 parties,
III, p. 230 et suiv.

cocus[1]. Ces filiations n'étonnent pas en un temps où l'imitation des modèles antérieurs constitue le principe de l'invention esthétique.

Bref, Molière trouva dans cette tradition narrative l'essentiel de la situation de son *École* : le couple formé par Agnès, la niaise fautive malgré elle, et Arnolphe, le cocu en dépit de tout, et l'intrusion du jeune Horace pour jeter le trouble dans le (futur) ménage. Pour étoffer cette situation et la constituer en une action développée sur cinq actes, encore fallait-il autre chose, un moteur dramatique, l'agent d'une dynamique théâtrale. C'est ici qu'intervient la trouvaille de la « confidence perpétuelle », comme la nomme *La Critique de l'École des femmes* : le moteur de l'intrigue consiste dans les récits qu'Horace vient faire en scène de ses émois, de ses stratagèmes et de ses succès à Arnolphe en personne, qu'il ignore être le tuteur et le presque mari de la jeune fille ! L'idée de ce quiproquo à répétition, en forme de « comble » — choisir justement pour confident celui dont on devrait se cacher —, a été fournie à Molière par un conteur italien de la Renaissance, Straparole, dans l'une de ses *Facétieuses Nuits*[2].

On y voit un certain maître Raymond qui, mis au défi par un de ses élèves de lui montrer un exemple de beauté parfaite, lui fait voir sans la nommer pour telle sa propre femme, assistant à un office. L'étudiant s'enflamme et pénètre auprès de la belle. Il en est bien reçu et va conter à celui qu'il ne sait pas être le mari ses bonnes fortunes : comment la dame l'a caché au fond de son lit à l'arrivée imprévue de son époux ; comment le lendemain elle l'a escamoté dans un coffre, et le jour suivant dans une armoire qu'elle soustrait à l'incendie allumé par le cocu qui, persuadé de la présence de son rival, tente de le brûler tout vif avec les meubles et la maison. Le jeune homme enlève finalement la donzelle ; le pédant en meurt de chagrin. Molière trouvait là, et

---

1. Nicolas Drouin, dit Dorimon, *L'École des cocus ou la précaution inutile*, Paris, 1661. 2. Giovan Francesco Straparola, *Le Piacevoli Notti*, Venise, 1550. L. I, nuit IV, fable 4.

cela n'a pas échappé non plus à Donneau de Visé qui dénonce l'emprunt, le fil de son action comique : les récits successifs de ses menées victorieuses auprès d'Agnès qu'Horace va droit conter à Arnolphe.

Le choix de Molière ne manquait pourtant ni d'originalité ni d'audace. Il a consisté à imposer la logique narrative d'un récit facétieux à un texte dramatique qui, comme tel, autorise, s'il n'impose même, la représentation concrète des actions plutôt que leur évocation. Les doctes, d'autant plus péremptoires qu'ils n'y comprennent rien, le reprochent avec morgue à Molière comme signe d'incompétence esthétique : de la matière comique, réputée plagiée, l'attaque passait à la manière dramatique, réputée fautive. Le personnage de M. Lysidas, qui dans *La Critique de l'École des femmes* est chargé par Molière de synthétiser leurs arguments, formule ainsi le blâme (sc. 6) :

> Car enfin, le nom de poème dramatique vient d'un mot grec qui signifie agir, pour montrer que la nature de ce poème consiste dans l'action ; et dans cette comédie-ci, il ne se passe point d'actions, et tout consiste en des récits que vient faire Agnès ou Horace.

Et de fait, au lieu de représenter sur le théâtre les mystifications qui constituent le moteur apparent de l'action comique, Molière préfère mettre en scène les précautions prises en vain pour les éviter (scènes entre Arnolphe, tyrannique ou suppliant, et Agnès, soumise ou rebelle) ou faire relater après coup leur déroulement imprévu (récits d'Horace ou d'Agnès, naïvement joyeux, à Arnolphe, au supplice). Ce que ne voit pas M. Lysidas, c'est la raison de ce choix conscient et efficace, opéré en fonction d'un but esthétique et à partir d'une méthode d'invention qui s'articulent l'un à l'autre.

Un système dramatique original

Car tout se tient, en cette affaire. Revenons à l'accusation de plagiat. Elle ne serait recevable qu'à la condition de refuser à Molière le droit de pratiquer l'imitation fécondante des modèles anciens, légitimée et revendiquée depuis la Renaissance par toutes les doctrines de l'invention littéraire. On verra plus loin pourquoi ses adversaires la lui interdisent. Mais on dira tout de suite qu'ils le font contre toute évidence. Il est patent, au contraire, que la puissance dramatique qu'ils cherchent en vain dans la pièce réside justement dans l'énergie dégagée de la fécondation tout originale, toute personnelle, entre les deux principales sources sollicitées par le poète : le sujet de la précaution inutile et l'action comique de la confidence malavisée ; autrement dit, le thème du cocuage et la dynamique du quiproquo.

En effet, le principe de la précaution inutile, qui détermine la situation de la comédie, est réactivé par la succession des confidences malavisées dont l'issue à chaque occurrence voit se retourner contre le barbon pourtant prévenu les ruses qu'il met en œuvre pour vaincre son rival : chaque étape de l'action se réfère ainsi au modèle défini par la situation. Arnolphe informé des menées d'Horace oblige-t-il Agnès à jeter un pavé par la fenêtre à la tête de celui-ci ? Elle en profite pour y joindre un billet dans lequel elle exprime son amour pour lui. Précaution inutile... Le tuteur courroucé se précipite-t-il alors au logis pour voir si l'ingénue aura honte à sa vue ? Elle en est déjà à recevoir en cachette son rival qu'elle cache en hâte dans une armoire. Ce que le bonhomme apprend de la bouche même du jeune homme lors de leur entrevue suivante.

Le paradoxe comique de la précaution retournée contre qui la prend se vérifie et s'intensifie de la sorte au cœur du double mécanisme qui meut l'intrigue : le comble et le retard. Le comble — toutes les précautions prises pour se garder du cocuage vous y précipitent : ingénuité de la jeune fille qui l'expose à la faute malgré elle, sottise méditée des valets chargés de la garder et incapables d'y pourvoir intelligemment, égoïsme du tuteur abusif qui détache de lui sa pupille, tyrannie du jaloux qui se rend haïssable à force d'interdits et de reproches. Et le retard — à l'inutilité de la précaution s'ajoute l'inutilité de la parade, toujours en deçà du coup suivant.

Cette pièce réputée sans invention et sans action a donc tiré de la rencontre entre ses deux modèles une invention originale impliquant une dynamique dramatique singulière, certes, mais réelle. Cette originalité tient à une donnée fondamentale. On sait qu'ordinairement, au théâtre, la situation et l'action sont distinctes. La situation, c'est une donnée de base : un barbon veut épouser une jeunesse ; un blondin se fait son rival. Cette situation, l'action s'attache à la faire évoluer, sous la forme d'une intrigue usant de ses propres ressources, mettant en jeu ses matériaux propres, pour parvenir à inverser, au dénouement, l'état des choses initial : le jeune rival l'emporte alors sur son aîné.

Mais dans *L'École des femmes*, tout se brouille. La logique de la situation contamine celle de l'action : le paradoxe de la précaution retournée contre qui la prend se retrouve, au sein de chaque épisode, dans le retournement paradoxal de la confidence malavisée contre celui qui en bénéficie. Cette cohérence renforcée n'est pas sans péril pour la dynamique dramatique : chaque projet d'Horace étant anéanti par la confidence imprudente qu'il en fait, mais chaque avantage d'Arnolphe annulé par le mauvais usage qu'il en tire, l'action peut donner le sentiment qu'elle piétine dans un équilibre des forces qui annule l'efficacité réelle de son mouvement apparent. À preuve, le dénouement-postiche de l'intrigue : c'est un subterfuge en forme de *deus ex machina*, la reconnaissance fortuite d'Agnès pour fille des amours secrètes du seigneur Enrique opportunément surgi des Amériques, qui finalement permet le mariage des jeunes gens. Emblème d'une action toute en va-et-vient et finalement sans issue, le résultat de l'intrigue péniblement conclue par le triomphe (provisoire) du cocu bien informé sur son rival trop bavard est inversé par un artifice qui se donne parodiquement pour tel.

Cette relégation de l'action n'est pourtant qu'apparente. Car encore faut-il distinguer : en termes de réussite statistique, les affaires des amants n'avancent guère, en effet, et le tuteur bien informé demeure toujours sur leurs talons, au point de les coiffer au poteau, on vient de le dire. En revanche, à chaque étape de leur intrigue, la parade qu'invente Agnès aux effets désastreux des bavardages intempestifs d'Horace constitue une avancée, peu efficace dans les faits, puisque immédiatement révélée à Arnolphe, mais déterminante dans sa progression intérieure vers la conquête d'elle-même et dans l'épanouissement de son amour pour Horace. L'action ne paraît stagner qu'au plan tout extérieur des événements, au plan des mystifications du séducteur et des parades du tuteur — pauvres imbroglios, de fait, quand on songe aux intrigues autrement embrouillées, regorgeant d'inventions, de rebondissements, de surprises accumulées, à l'imitation des Espagnols, par les poètes comiques et tragi-comiques antérieurs à Molière. Mais c'est que derrière ce filtre anecdotique se dessine une autre intrigue, une autre action, plus intérieures, plus fondatrices : cette intrigue, cette action majeure, c'est l'effet que produisent sur les personnages et en eux les événements dont ils sont les acteurs et les victimes à la fois, c'est l'intérêt psychologique et comique jailli des faits que Molière dédaigne de mettre en scène, au profit de la présentation de leurs effets. Son tour de génie dans l'invention de *L'École des femmes*, ç'aura été en somme de substituer à la mise en scène de l'action celle des réactions qu'elle suscite.

En préférant le récit des mystifications d'Horace à leur représentation, il focalisait l'attention sur les réactions désopilantes d'Arnolphe confronté à la narration enthousiaste de ses déconfitures : c'était soumettre l'intrigue à l'effet comique qu'elle provoque. Premier principe : la comédie doit donner à rire, et tout doit être sacrifié à cette intention. Et puis, en préférant aux scènes d'action entre Horace et Agnès, qu'on ne voit ensemble qu'au dernier acte, les confrontations verbales entre Agnès et Arnolphe, en prévision ou par répercussion des menées d'Horace, Molière privilégiait la peinture des

réactions affectives et psychologiques des deux personnages dont le déroulement de la pièce transfigure la personnalité : Agnès, la sotte, qui s'éveille à l'intelligence et
à l'émotion par l'école de l'amour partagé et généreux ;
Arnolphe, le cynique gouailleur, sûr de son fait, chez
qui surgit un désir égoïste et tyrannique de possession
amoureuse excité par la frustration et noué en passion
maladroite, presque pathétique, et néanmoins odieuse et
ridicule. Second principe : la comédie est peinture
morale, elle fouille les âmes, et sous la représentation
des faits d'intrigue, anecdotiques et fabriqués, révèle les
linéaments de la nature humaine, permanente et véritable.

C'étaient là, sous une apparence discrète, deux coups
de force esthétiques. Le premier consistait à placer le
rire au centre de l'ambition comique, au lieu de le can-
tonner dans le rôle accessoire d'une détente, d'un ornement annexe par rapport à l'intérêt majeur de la pièce
résidant dans son intrigue. L'intrigue désormais est
toute dévouée au souci de faire rire par l'effet des événements qu'elle met en œuvre à cette fin supérieure. Mais
ce rire lui-même ne s'épuise pas dans la gratuité d'une
hilarité bouffonne dépourvue de sens. Ce rire donne à
penser, donne à comprendre. Car la comédie traite de
sujets moraux et psychologiques profonds sous ses
dehors badins. En l'occurrence, du désir, de sa fécondation et de son insurrection, des risques que l'on encourt
à le brider jusqu'à la mutilation (c'est le mal fait à
Agnès), ou à se laisser dominer par lui en croyant s'en
rendre maître (c'est la surprise désagréable éprouvée par
Arnolphe). Dans les deux cas, la pièce peint une « surprise de l'amour » — et il n'est pas jusqu'à Horace qui,
plus discrètement, n'éprouve lui aussi cette expérience
formatrice : parti pour une séduction facile avec l'aide
d'une entremetteuse, il se retrouve pris et épris, jusqu'à
souhaiter épouser sa conquête. École des femmes ? Des
hommes aussi. Mais évidemment école d'Agnès par-dessus tout.

Or l'on ne mesure pas toujours quelle audace stupé-

fiante (et incomprise) il fallut à Molière pour mettre en
scène des personnages dont le caractère se métamorpho-
sait au cours d'une intrigue comique. De manière sché-
matique, on pourrait dire qu'il a interverti la dynamique
d'évolution entre l'intrigue et la donne. Traditionnellement, la donne psychologique est intangible au théâtre,
dans le théâtre classique en tout cas : les bons le demeurent, les méchants aussi, les sots le sont pour cinq actes
et les ridicules de même. L'action, elle, a droit à toutes
les péripéties, elle s'inverse, rebondit, surprend, change
et donne le change. Dans *L'École des femmes*, c'est le
contraire : l'intrigue balbutie en répétant ses schèmes,
les personnages évoluent en modifiant leur schème.
Arnolphe épris, Agnès subtile, Horace engagé, c'est le
monde inversé en l'espace de cinq actes.

Au point que, conséquence absolument inopinée, le
rire change de sens et de cible. Au lever du rideau, on
rit avec Arnolphe des sottises d'Agnès qu'il nous conte.
Par la suite, c'est d'Arnolphe que l'on rit et des dérisoires précautions dont il enveloppe l'ingénuité de la
jeune fille, qui commence à nous émouvoir. Et pour finir
c'est la déconvenue du barbon qui prête à rire, devant
la rébellion naïvement têtue de cette « innocence » qu'il
croyait modeler comme cire molle. Qu'elle croie que les
enfants se font par l'oreille, cela donne à rire d'elle
(v. 164). Qu'elle soit contrainte de débiter qu'une
femme plaît à son mari à proportion de sa laideur
(v. 759), ce sont les maximes (du mariage) professées
par Arnolphe qui sont ridicules, d'un ridicule répercuté
sur lui. Qu'elle lui avoue enfin, avec sa désarmante franchise (v. 1531-1532), préférer l'autre qui, avec deux
mots, en fait plus que lui avec tous ses discours
(v. 1606), c'est la déconvenue et la déconfiture du
gouailleur naguère sûr de lui et de son fait qui déclenchent l'hilarité du public.

Or ce transfert du comique est on ne peut plus auda-
cieux. Il suppose à la représentation comique la capacité
de régir et de modifier au cours de la pièce la direction
de sympathie et de moquerie des spectateurs, qui est en

principe intangible, et de la modifier en fonction du
degré d'« humanité », de densité et de générosité affectives des personnages. Cette liaison entre le rire et la
peinture des caractères assigne au ridicule une tâche
proprement inouïe de répartition et de réflexion morales
et psychologiques. Voilà en effet une comédie qui se
donne pour objet de faire rire — et « c'est une étrange
[*ie redoutable*] entreprise que celle de faire rire les honnêtes gens » (*La Critique de l'École des femmes*). Et en
même temps de traiter de sujets profonds et sensibles :
l'épanouissement de la nature humaine par l'amour, sa
déformation grimaçante par la mutilation ou l'aveuglement. Et qui plus est, de traiter ceci dans l'optique, dans
le cadre de cela : parler de haute morale en bouffonnant,
donner des lumières sur le cœur à la faveur d'un éclat
de rire.

On comprend que les adversaires de Molière aient
attaqué sur deux fronts attendus ce projet déroutant
pour eux : celui du mépris, celui de l'indignation.
Mépris pour une pièce qui donne à rire, car le rire en
leur temps a mauvaise presse, et ne saurait que rabaisser
les grandes choses, les beaux sujets. « On m'avouera »,
proteste l'intarissable Lysidas en jouant sur les deux sens
du mot *comédie* (pièce à rire ou œuvre dramatique en
général),

> que ces sortes de comédies ne sont pas proprement des
> comédies, et qu'il y a une grande différence de toutes ces
> bagatelles à la beauté des pièces sérieuses [1].

Et les délicats de dauber sur le corbillon où Agnès mettra une « tarte à la crème » (v. 99), sur la femme définie
comme « potage de l'Homme » (v. 436), sur le *lazzi* du
Notaire et d'Arnolphe, l'un répondant au soliloque de
l'autre qui ne le voit ni ne l'entend (IV, 2), et sur l'outrance du côté de cheveux que par amour pour sa pupille
le tuteur amoureux lui propose de s'arracher (v. 1602).

---

1. *La Critique de l'École des femmes*, sc. 6.

Et puis c'est l'indignation de la prude Climène, autre personnage de *La Critique de l'École des femmes*, devant l'immoralité d'une œuvre où elle n'a vu qu'« ordures et saletés », bassesse triviale de goût et de style, équivoques salaces dans le sujet et son traitement — jusqu'au « ruban » qu'Agnès laisse « prendre » à Horace : « Ne vous a-t-il point pris, Agnès, quelque autre chose ? » (v. 571)... Ces réactions ne sont pas que de mauvaise foi. Elles procèdent aussi de préjugés. Et dessinent en creux, dans les contours du préjugé, le relief de la révolution comique accompli par *L'École des femmes*.

Celle-ci tient à l'alliance que réalise Molière entre deux ambitions qu'il formule explicitement dans *La Critique* et qu'il aura portées pour la première fois dans *L'École des femmes* à un point de perfection jamais atteint par lui auparavant : faire de la comédie un « miroir public », c'est-à-dire « peindre d'après nature » des « portraits [qui] ressemblent » ; et dans le même mouvement « plaisanter », « faire rire ». Plaire, loi suprême de son art, procède pour lui de la réalisation de ces deux buts — projet déjà délicat. Mais surtout plaire procède de leur réalisation l'un par l'autre — et voilà l'exploit. En voici la formulation :

> Ne consultons dans une comédie que l'effet qu'elle fait sur nous. Laissons-nous aller de bonne foi aux choses qui nous prennent par les entrailles, et ne cherchons point de raisonnements pour nous empêcher d'avoir du plaisir[1].

Les « entrailles », c'est indistinctement le lieu de l'émotion qui étreint et de l'hilarité qui emporte, c'est le lieu où converge la méditation sensible sur la nature de l'homme et l'entraînement irrépressible à ce réflexe qu'est le rire. Cette convergence, elle est réputée introuvable par les contemporains de Molière. Si lui en a trouvé le chemin, par quelles voies y a-t-il atteint ? Tel est l'enjeu de toute évaluation de *L'École des femmes*, de sa signification et de sa portée.

---

1. *Ibid.*

La poésie du ridicule

Partons de plus haut. Depuis ses origines, le genre comique s'est trouvé partagé, sinon écartelé, entre deux ambitions inconciliables. L'une vouait la comédie au rire, sans souci de mesure ni de vraisemblance : c'est l'ouragan de la *vis comica*, la vigueur de l'hilarité. L'autre lui assignait pour idéal une représentation enjouée et souriante de la réalité courante : se faire *speculum vitæ*, miroir vraisemblable de la vie [1]. Ce que Molière résume dans *La Critique de l'École des femmes* par deux verbes : « plaisanter » et « représenter ». Reste que lui prétend combiner les deux intentions. Certes, en théorie, la comédie se donnait traditionnellement pour fin de « *castigare ridendo mores* » : « châtier les travers moraux par le rire ». Mais qui pouvait prétendre réaliser la synthèse entre ces aspirations à faire rire et faire penser ? Un obstacle apparemment infranchissable s'opposait en effet à cette harmonie idéale : si la comédie vise la révélation et la correction des travers de caractères et de mœurs par le rire, les procédés burlesques et caricaturaux nécessaires à provoquer ce rire salutaire et révélateur ruinent les effets de vraisemblance mimétique nécessaires à accréditer cette édifiante leçon. « Plaisanter » supposait, imposait même de caricaturer au lieu de représenter. Inversement, « représenter » supposait que la plaisanterie se limitât au mince sourire de l'aimable raillerie, rien de plus.

Preuve en est que deux modèles se partagent le terrain comique depuis la nuit des temps, deux modèles antithétiques, inconciliables : celui de la comédie bouffonne,

---

1. Il n'est pas malaisé de deviner là l'influence de la dualité inhérente à l'esthétique occidentale. L'œuvre d'art doit-elle remplir la fonction transcendante que lui assignait la philosophie de Platon : révéler les essences, atteindre au vrai par l'enthousiasme que provoque le beau ? ou jouer le rôle tout immanent dans lequel la cantonnait la poétique d'Aristote : reproduire de manière mimétique la réalité, pour révéler l'homme à lui-même à la faveur du plaisir sensible que procure l'exacte imitation des apparences ?

celui de la comédie-miroir. Ç'avaient été Aristophane et
Ménandre chez les Grecs, Plaute et Térence chez les
Romains. Dans la France du premier XVIIe siècle, la scission entre les deux formes avait atteint un tel degré
qu'elle menaçait le genre d'implosion. La comédie inspirée des déformations grimaçantes de la farce, renonçant
à toute visée de révélation morale, s'abandonnait aux
délices gratuites de la pure hilarité suscitée par ses
outrances. Tandis que la comédie d'intrigue, tableau
aimable d'une réalité repeinte aux couleurs de la galanterie romanesque, s'enorgueillissait d'à peine faire sourire. Corneille lui-même s'autorisait de l'autorité du
théoricien batave Heinsius pour qualifier de comédie
(héroïque) en 1650 son *Dom Sanche d'Aragon*, sans
néanmoins avoir trouvé dans cette pièce, reconnaît-il,
« rien qui pût émouvoir le rire[1] ». Le genre se trouvait
ainsi écartelé, sans espoir d'unification, entre les délices
toutes gratuites de la *vis comica*, vigueur de la pure hilarité, et la mesure nuancée du *speculum vitæ*, tableau des
mœurs et caractères contemporains, prétexte à une
intrigue railleuse ou simplement souriante.

Comme toutes les grandes découvertes, la synthèse
que Molière eut alors l'audace de proposer jaillit d'une
évidence : c'est que, pour concilier l'exactitude de la
peinture, qui délecte l'esprit, avec la déformation grimaçante, propre à susciter le rire, il suffit d'assigner pour
tâche à la comédie l'observation et la mise en scène des
déformations risibles dont la réalité elle-même offre tous
les jours le spectacle hilarant autant que profitable.
Autrement dit, il suffisait de considérer une fois pour
toutes que l'homme est *naturellement ridicule*. Le rire suscité par la comédie ferait donc éclater cette vérité : que
nos travers sont invraisemblablement risibles et qu'il est

---

1. D. Heinsius : « *Nec movere risum sane constituit comœdiam, sed
plebis aucupium est, et abusus* » (la comédie ne se définit pas par le rire
qu'elle excite : ce n'est qu'un leurre pour le public, et un abus). Cité
par P. Corneille, épître « À M. de Zuylichem », en tête de *Dom Sanche
d'Aragon, comédie héroïque*, Paris, 1650. Et Corneille de conclure que
« la comédie se peut passer du ridicule ».

du ressort d'une œuvre d'art éprise de vraisemblance d'accepter cette leçon, même invraisemblable, de la réalité. Ce qui revenait à dire que le ridicule constitue la forme spécifiquement comique de la vraisemblance — jusque dans ses excès les plus incroyables, les plus invraisemblables.

La comédie telle que l'entend Molière ne viserait donc plus à corriger les hommes de leurs défauts en traitant ceux-ci sous un angle caricatural qui les rendît risibles. Il ne s'agirait plus pour elle de *castigare ridendo mores*, de châtier les mœurs en les outrant de manière à les rendre plaisantes. Mais de *speculari ridendo mores*, de contempler d'un point de vue « rieur », dans l'optique du ridicule, la nature et les conduites humaines. Car les mœurs humaines, de soi, sont le plus souvent caricaturales. Dans la comédie moliéresque, le ridicule ne s'ajoute plus aux défauts des hommes comme une sanction en vue d'une salutaire correction : il jaillit comme une évidence du spectacle de leurs personnages naturellement dérisoires. Telle est la charte de cette esthétique du rire vraisemblable, que nous nommerons, en empruntant à Molière le qualificatif, une esthétique du ridicule[1].

La poésie comique ainsi définie procédait d'une double alchimie : d'abord celle des passions et des égarements qui défigurent la nature humaine ; puis celle de la scène, qui doit, pour restituer ce travail de mutilation, le transposer dans son génie propre, génie de la déformation lui aussi, mais déformation scrupuleusement attachée à restituer la grimace des êtres et la vérité profonde qu'elle exprime. Faute d'être jamais vraiment parvenu à obtenir une totale transparence dans la superposition entre ces deux systèmes, l'art comique avait toujours eu tendance à infléchir tantôt du côté de la nature bafouée une dénonciation qui confinait alors à la satire, tantôt du côté de la déformation scénique une dérision qui touchait dans ce cas à la farce. Pourtant la

---

1. On trouvera le développement de cette thèse dans notre *Molière ou l'esthétique du ridicule*, Paris, Klincksieck, 1992.

réalité enseigne à la fiction que le ridicule procède de l'intérieur des êtres et des choses, et constitue l'extériorisation de leurs disconvenances sous la forme d'une marque immédiatement sensible et naturellement issue du fond. Cette marque, c'est le rire, nous explique la *Lettre sur la comédie de l'Imposteur* publiée avec l'aval de Molière durant la querelle de *Tartuffe*, dans la continuité de celle de *l'École des femmes* :

> Le ridicule est donc la forme extérieure et sensible que la providence de la Nature a attachée à tout ce qui est déraisonnable, pour nous en faire apercevoir, et nous obliger à le fuir[1].

Le rire que provoque la comédie ne saurait donc, pour être digne du ridicule de la réalité, provenir de simples effets de divertissement ou de diversion surajoutés à la peinture des mœurs et des caractères, ni même de situations amusantes dans lesquelles seraient placés sans autres raisons qu'esthétiques des personnages atteints de travers nuisibles et empêchés de nuire grâce à ces subterfuges badins. Non, désormais, le rire doit imprégner la peinture morale comme un réactif chargé d'en accuser les altérations et les corruptions.

Dès lors, le ridicule n'est plus le parent pauvre et honteux du genre, relégué dans les coins obscurs ; la comédie n'a plus à se restreindre aux formes mesurées et modérées du rire pour l'adapter aux exigences policées d'une imitation réaliste de la société et de l'humanité : la transposition que suppose l'art comique donne place à tout le spectre du rire sur la scène de Molière. Mais toutes les nuances de cette palette qui va du « sourire dans l'âme » jusqu'à la franche hilarité farcesque sont associées à l'entreprise éthique de révélation des essences derrière l'évocation colorée des apparences. Si le tic et le gag y ont place, ce n'est pas comme schématisation caricaturale des traits de la nature humaine, c'est

---

1. *** (La Mothe le Vayer ?), *Lettre sur la comédie de l'Imposteur*, Paris, 1667, p. 98. Éd. p.p. R. McBride, Durham, 1994, *id.*

comme un concentré de la déformation que lui imposent les erreurs et les vices qui la défigurent.

Certains effets comiques des plus élémentaires, répétition mécanique d'un geste, saynète de remplissage bouffon, allusion malséante ou grotesque, se métamorphoseront dans son esthétique en marque d'obsession incongrue et disproportionnée, prendront la valeur et le rôle d'un indice d'aberration mentale ou morale. Le rire suscité par de tels traits procède donc également et conjointement de l'esprit de la farce et du génie du ridicule : si Arnolphe ne voit ni n'entend son Notaire, c'est qu'il s'enferme de plus en plus au sein de sa folie, c'est qu'il se rend aveugle et sourd à ce qui l'entoure — c'est encore un *lazzi*, mais un *lazzi* significatif. Et si le jeu de mots douteux sur « le... ruban » que l'on a « pris » à Agnès amuse (ou choque) au premier degré, il signale aussi la béance de l'abîme entre l'ingénue et le jaloux obsessionnel, dans lequel est appelée à sombrer leur union mort-née : aucun ruban n'aura force pour les lier, et en prenant ce colifichet, Horace a bel et bien emporté la virginité de la belle. La bouffonnerie fait sens.

La comédie humaine

Cette redéfinition des enjeux esthétiques et éthiques de la comédie supposait une conception de l'humanité capable de l'accréditer : une conception comique, au sens plein, de la nature humaine. Et *L'École des femmes* est sans doute la première œuvre de Molière à prétendre en épanouir pleinement le projet : ce que signale — objet de scandale pour ses détracteurs — le choix de la grande forme en cinq actes versifiés, forme noble destinée aux œuvres « sérieuses » et appliquée ici à une comédie leste qui ne s'interdit aucune des variétés du rire, même les plus farceuses. Sans doute est-ce que le sujet de cette pièce, venue tout de même après sept autres, se prêtait plus que les leurs à cet accomplissement. Pour comprendre en quoi, et par là saisir son génie propre, il n'est que de le comparer aux leurs.

L'École des femmes a pour objet une méditation sur la déformation de la nature, sous les deux masques de l'artifice qui mutile (Agnès) et de l'excès, de l'extravagance qui défigurent (Arnolphe). Et pour enjeu l'issue, double et contradictoire, d'un processus de formation que son titre d'*École* suggère : école des femmes, celle où Agnès se forme et, se formant, échappe à la dénaturation qu'Arnolphe lui imposait ; mais école des maris aussi, rude école d'un presque mari, Arnolphe, que sa hantise du cocuage, tournant à l'obsession jalouse et à la passion possessive et frustrée, dénature et défigure. Auparavant, outre quelques farces de province pour partie perdues et qu'il n'a pas avouées, Molière avait mis en scène les bévues d'un écervelé (*L'Étourdi ou les contretemps*, 1655), les chimères de deux toquées de préciosité (*Les Précieuses ridicules*, 1659) et les idées fixes de plusieurs évaporés vaguement extravagants (*Les Fâcheux*, 1661) ; et puis, autre veine, une galerie de jaloux obsessionnels : un couple de jeunes gens trop prompts chacun à s'imaginer trahi par l'autre (*Dépit amoureux*, 1656), deux cousins en cocuage imaginaire, l'un dans le registre farcesque (*Sganarelle ou le cocu imaginaire*, 1660), l'autre dans le ton galant sinon héroïque (*Dom Garcie de Navarre ou le prince jaloux*, 1661) et, frère aîné de notre Arnolphe, un Sganarelle aux penchants soupçonneux et aux lubies de geôlier qui se fait étriller à l'école des maris (*L'École des maris*, 1661). D'un côté, des extravagants ; de l'autre, des obsessionnels ; tous, à des degrés divers, enclins au délire, quelque autre défaut que dénonce chaque pièce dans sa spécificité...

Car, que l'on prenne cette liste ou celle, plus abondante, des ouvrages qui succédèrent à *L'École des femmes*, le même constat s'impose : les travers raillés et brocardés par la comédie du ridicule sont toujours accompagnés d'un plus grave défaut qui les enveloppe, celui d'une cécité mentale procédant de l'étourderie, de l'extravagance, de l'obsession, du délire, risquons le

mot, de la folie inhérente aux égarements de l'esprit et
de l'âme. Ce que théorisait la *Lettre sur l'Imposteur* déjà
citée : « le ridicule [est toujours fondé] sur quelque
manque de raison[1] » — aveuglement fatal, égarement
ébloui, fascination d'une image mensongère, illusion sur
soi. Le théâtre de Molière ne ridiculise pas seulement
des travers de caractères ou de mœurs : il débusque le
ridicule de l'égarement qui invariablement en constitue
l'origine.

Car si l'extravagance et l'obsession génèrent les excès
de conduite que l'on sait, associés au défaut de raison
qui leur ôte tout frein, elles manifestent en réalité la présence, en profondeur, d'une plus intense source d'énergie comique : celle de l'image erronée de soi et du
monde, qui légitime et meut ces conduites excessives, et
contribue à obscurcir de chimères et d'idées fixes la raison affaiblie, la raison égarée. L'extravagance n'est
jamais que de mode, l'obsession de circonstance : elles
s'approfondissent et se stabilisent en s'inscrivant dans le
délire d'imagination et en y inscrivant le ridicule moliéresque, compris au sens large. Conséquence esthétique
de cette conception psychologique et morale : si la
comédie parvient à provoquer le rire par la peinture « véritable » des défauts sociaux ou des travers de caractère
observables à l'entour du poète, c'est qu'elle n'offre pas
une image de la nature, mais bien de sa transformation
caricaturale par l'erreur de conduite ou de jugement,
imputable à l'égarement d'imagination qui défigure en
grimace le visage de la société et de l'individu ridicules.

Du *Cocu imaginaire* au *Malade imaginaire*, le trajet de
Molière aura parcouru ainsi tout le territoire de l'image
égarée. Et rarement comédie aura incarné avec tant de
netteté ce pouvoir d'hallucination que *L'École des
femmes* : Agnès, façonnée en idiote accomplie par la
démiurgie d'Arnolphe, figure en chair et en os la dénaturation qu'impose à la réalité une image obsessionnelle et
aberrante — l'obsession en l'occurrence d'échapper au

---

1. *Ibid.*, p. 99.

cocuage, variante de l'obsession jalouse que met en scène Molière de façon privilégiée. Sujet en or, décidément, pour la dramaturgie du ridicule.

D'autant que, comme on l'a souligné plus haut, Agnès ne demeure pas durant les cinq actes de la pièce la niaise ingénue qui nous est peinte au premier : elle apprend vite à l'école de l'amour. Et cet apprentissage qui métamorphose la sotte infantilisée en jeune fille émouvante, délicate et noble par la conscience douloureuse de sa sottise puis par la découverte des moyens d'accomplir son « beau naturel », constitue comme une revendication et une revanche de la nature contre la mutilation qui la défigurait. Cette évolution, cette métamorphose de l'héroïne, très originale dans la production de Molière, se trouvait contribuer elle aussi à conférer au sujet de *L'École des femmes* une valeur expérimentale dans l'élaboration et l'affirmation de l'esthétique du ridicule.

En effet, attribuer pour origine au ridicule dont procède l'écriture comique les dissonances observées dans la réalité puis transposées, stylisées et concentrées par l'écriture dramatique, cela revenait à supposer une norme par rapport à laquelle se mesurent ces difformités. Après tout, que ce soit sur scène ou à la ville, le ridicule se définit toujours en termes d'écart, de déviance, par rapport à une harmonie réelle ou idéale. Si dans la comédie moliéresque cet écart, cette déviance se trouvent concrétisés et incarnés par des personnages dont l'imagination troublée extravague, d'autres personnages, inscrits dans les mêmes situations et confrontés à eux au cœur de la même intrigue, semblent avoir reçu pour tâche de donner la mesure de cet écart, de dénoncer par leurs propos raisonnables ou par leur conduite bienséante la folie de leurs partenaires. Si bien que les comédies de Molière présentent presque toujours deux pôles inégalement intéressants sans doute, mais placés dans une relation de nécessaire réciprocité : celui de la difformité risible et celui de la norme esthétique, rationnelle, morale et sociale que déforment folies, impostures et extravagances.

En somme, Molière met en scène, sous une forme glo-
balement vraisemblable et pourtant — ou par consé-
quent — hilarante, le conflit entre une image accomplie
de perfection raisonnable ou galante et sa déformation
par un délire imputable à l'image, à l'égarement que
provoque l'image obsessionnelle ou chimérique. Des
serviteurs de bon sens, des épouses fortes en gueule, des
frères ou beaux-frères éclairés, de sages amis font
cohorte au fou ridicule pour le corriger par leurs raison-
nements, plus utiles d'ailleurs à afficher pour le public la
droite voie qu'à la faire emprunter par leur interlocuteur
aveuglé. Chrysalde, l'ami ironique et tempéré d'Arnolphe, est du nombre, qui prêche la sagesse, la résigna-
tion et la sérénité sur la scène de *L'École des femmes* :
son nom signifie par étymologie qu'il « parle d'or ». Son
prêche cible exactement la contradiction d'Arnolphe,
hanté par la peur jalouse d'être trompé et s'inventant
d'illusoires parades pour échapper au lot commun : « Si
n'être point cocu vous semble un si grand bien / Ne vous
point marier en est le vrai moyen » (v. 1762-1763). Voix
assurément raisonnable, même si elle demeure périphé-
rique, reconnaissons-le, par rapport au cœur de l'action.

De même pour l'image du vrai mérite et de l'aimable
galanterie qu'incarnent les jeunes gens à marier. Il
arrive, convenons-en, que certaines comédies, plus
courtes ou moins travaillées que celle-ci, mettent en
scène un personnel de blondins et de vierges légèrement
fades et un peu interchangeables, utiles seulement à
incarner l'enjeu de l'intrigue. Mais parfois aussi la grâce
des filles et la noblesse d'âme des garçons constituent
une image incarnée de la juste et belle nature et une
leçon implicite pour les égarements grimaçants de leur
bourreau. C'est une des fonctions d'Horace dans notre
comédie, tour à tour badin (v. 306, 937) et ému
(v. 1442), noble (v. 1417) et emporté (v. 958-959),
étourdi (v. 1177-1179) et touchant (v. 1622) face à
Arnolphe écumant sous cape et fulminant en tapinois.
Et puis, bien au-delà de ce face-à-face contrasté, voici
surtout Agnès. C'est avec ce personnage, à coup sûr,

que *L'École des femmes* s'impose comme chef-d'œuvre tout original, avec ce personnage exceptionnel sinon même unique parmi toutes les autres vierges tourmentées du théâtre de Molière, dont elle réunit les traits en les portant à un point de perfection et de complexité inégalées.

Aucune d'elles ne joue en effet un rôle aussi déterminant dans aucune intrigue, à la fois par sa place et par son rôle. Par sa place, elle conteste presque la prépondérance au protagoniste ; par son rôle, elle l'emporte sur lui : lui ne fait qu'évoluer, elle se métamorphose. De la dénaturation ridicule (I, 1) et pitoyable (II, 5) au modèle émouvant d'une perfection accomplie par les voies de la seule nature (III, 4 et V, 4), elle incarne cette élaboration du moi, à la fois esthétique et morale, qui s'accomplit en scène, au fil du déroulement de l'intrigue, à la faveur des leçons de l'amour. En quoi elle offre un contrepoint indispensable à la dénaturation qu'en parallèle incarne Arnolphe. En vertu d'une sorte de *dramaturgie du croisement*, l'évolution d'Agnès, passant de l'animalité obtuse à l'ingénuité charmante, puis à la transparence indécise pour émerger à la conscience, à la souffrance et à la poésie, croise l'évolution inverse d'Arnolphe qui glisse du cynisme à la fureur puis à la peur, de là au pathos ridicule avant de s'évanouir de la scène dans un râle au dénouement : il perd dans l'affaire la parole qu'Agnès apprend à conquérir, et tourne au monstre tandis qu'elle s'humanise et s'affine. Tous deux suivent pourtant le même chemin, à bien peu de distance l'un de l'autre : celui de l'école de l'amour, qui pourvoit à la formation d'Agnès et révèle les « difformités » d'Arnolphe, le tourne en ridicule. Une même philosophie de la nature sert de soubassement à cette formation et à cette déformation, constituant le principe de la métamorphose d'Agnès autant que de la déconfiture d'Arnolphe.

On entend bien la leçon de cette philosophie : la puissance de l'image qui, bien gérée, aide le moi à s'accomplir dans sa perfection en lui offrant un modèle idéal sur

lequel se guider, peut tout aussi bien — et plus fréquem-
ment — déformer l'esprit et l'âme en métamorphosant
la nature du sujet en sauvagerie concertée ou en évanes-
cence débile. Cette perversion survient toutes les fois
que la faculté imaginative se dérègle sous l'effet d'un
désir ou d'une phobie, d'une passion concupiscible ou
irascible. Et c'est Arnolphe, pour le coup, qui fait image
emblématique de ce travers. Le sujet de *L'École des
femmes,* ici encore, synthétise les formes et les thèmes
majeurs de l'esthétique du ridicule, en offrant de ses
structures fondatrices une épure parfaite.

Chimères et marottes

On a rappelé qu'avant *L'École des femmes,* la dramaturgie de Molière répartissait ses ridicules en étourdis
et jaloux, les uns extravagants et évaporés, mus par des
illusions, les autres angoissés et farouches, en proie à
une obsession. Arnolphe est un de ceux qui associent
le mieux les deux veines en un équilibre parfait et un
redoutable assemblage. Obsédé par l'image des maris
trompés, il voit partout des cocus et ne parle que de
cela ; mais désireux néanmoins de contracter alliance, il
se forge une image illusoire de réussir là où tout le
monde a échoué en empruntant une voie aberrante, en
se fabriquant une femme tout à sa guise, trop idiote pour
penser lui être infidèle. Expression de sa hantise obsessionnelle : « C'est un étrange fait qu'avec tant de
lumières / Vous vous effarouchiez toujours sur ces
matières », lui reproche Chrysalde (v. 1228-1229).
Expression de son extravagance, au sens propre : « En
Femme, comme en tout, je veux suivre ma mode »,
affirme le visionnaire (v. 124). L'une impulsant et légiti-
mant l'autre, les deux lubies s'associent en un couple
infernal.

Au passage et indirectement, Chrysalde offre deux
termes assez propres à les désigner : « Une femme stupide est donc votre marotte ? » répond-il au désir

d'épousailles qui hante son ami obsédé par la crainte d'être cocu (v. 103). *Marotte*, assurément, cette idée fixe qui prend la forme d'une femme close à toute lumière — clôture symbolique, elle-même, d'une autre fermeture, qui ne se dit pas mais s'entend bien. Et plus loin, quand Arnolphe rappelle qu'il s'est rebaptisé M. de La Souche, ambivalence patronymique sur laquelle reposera le quiproquo des confidences malavisées, Chrysalde de se gausser : « Quel abus de quitter le vrai nom de ses Pères / Pour en vouloir prendre un bâti sur des chimères ! » (v. 175-176). *Chimère* : c'est l'autre face du délire d'Arnolphe ; en apparence, simple allusion à une vanité sociale ; en transparence, illusion de fuir le destin attaché à son nom (saint Arnolphe est patron des cocus) et illusion conjointe de trouver une femme avec laquelle « faire souche ». Arnolphe a lié tout son bonheur à une marotte, n'être pas cocu, qu'il a incarnée dans la chimère d'un être fabriqué tout pour lui et tout exprès pour lui éviter ça. La suite de l'intrigue déplacera le couple des lubies : l'illusion de faire d'une sotte une femme fidèle tournera à la passion chimérique de s'en faire aimer ; la hantise obsessionnelle du cocuage virera à la fureur jalouse et agressive. Le délire d'imagination continuera d'être composé de ces deux veines.

En quoi Arnolphe fait emblème de tous les grands égarés du théâtre de Molière : il offre le tableau le plus complet qui soit du mécanisme de l'égarement obsessionnel et extravagant mis en scène par la dramaturgie du ridicule. D'ordinaire, ou bien un père refuse au nom d'un idéal dont il est obsédé par marotte la main de sa fille à celui qu'elle aime ; ou bien un barbon désireux de faire une fin prétend au bonheur chimérique d'épouser un tendron. Tout de suite après *L'École des femmes*, Orgon illustrera dans *Tartuffe* le premier cas et Sganarelle dans *Le Mariage forcé* le second. Mais tout à la fois tuteur et prétendant, Arnolphe joue, lui, sur les deux tableaux. C'est peut-être pourquoi il perd tout : Agnès au dénouement retrouve un père et reçoit un mari ; Arnolphe n'était pas l'un et ne sera pas l'autre.

Mais il fait souche à sa façon. La syntaxe de son délire décline déjà les deux cas. D'abord, celui de ces chimériques, si nombreux sur la scène comique, qui réinventent le monde en signes positifs confirmant l'image embellie et illusoire qu'ils se sont forgée d'eux-mêmes. Le chimérique apparaît le plus souvent comme un extraverti, sanguin ou colérique, qui se courrouce quand la réalité vient faire obstacle à son rêve éveillé, qui traite de folies importunes les raisons et les vérités qu'on lui oppose, et vit de la sorte dans une agréable euphorie. Fondant ses effets comiques sur l'écart par rapport à l'évidence flagrante, la chimère constitue une « folie d'irréalité ». La marotte, elle, ne nie pas la réalité du monde, mais sa diversité : Arnolphe en présente aussi un cas intéressant. Comme lui, le personnage en proie à une marotte réduit l'univers spirituel ou matériel à un seul objet, celui sur lequel s'est fixée la passion, qui lui fait regarder pour rien tout le reste. Introverti, l'homme — ou la femme — à marotte est enfermé dans son univers monothéiste, monotone, monomane. La marotte réévalue toutes choses à l'aune de son souci obsessionnel, et la faute d'une servante contre la grammaire paraît plus grave qu'un manquement dans le service de la cuisine à une femme savante dévorée par la marotte des sciences et des lettres. Fondant son ridicule sur l'écart par rapport à la nature, c'est-à-dire à la juste mesure, à l'appropriation mesurée et convenante des jugements, des conduites et des situations, la marotte est folie mutilante, difformité d'âme.

Il y a du chimérique chez les brasseurs de vent qui poursuivent des fantômes, chez l'Étourdi, les Précieuses et Mascarille, chez tous les fâcheux et toutes les coquettes, chez les provinciaux et les bourgeois entêtés de galanterie, de qualité et de belles manières tout illusoires, chez « M. de La Souche » comme chez M. de Pourceaugnac, simple avocat qui joue au gentilhomme, chez M. Jourdain, mamamouchi épanoui, ou Mme d'Escarbagnas, grand'dame en sa petite ville, chez Bélise, vieille fille qui se croit irrésistible comme Arnolphe s'était cru aimable (v. 1587-1589), chez tous les savants en -*us* et tous les pédants en vers, d'Oronte à Trissotin. Les gens à marotte au contraire — et ce peuvent être parfois les mêmes, mais vus sous un autre angle de leur personnalité — s'attachent pour l'ordinaire à des valeurs plus solides : au mariage, comme Sganarelle cocu imaginaire, à la dévotion, comme Orgon, à la sincérité et au vrai mérite, comme Alceste, au plaisir, comme Dom Juan, à la richesse, comme Harpagon, à la science et aux belles-lettres, comme les Femmes savantes, à la santé, comme Argan. Ou à la fidélité de leur « moitié subalterne », comme Arnolphe. Rien là qui de soi flatte et abuse ; mais bien de quoi obséder jusqu'à l'idée fixe des esprits qui se replient sur l'unique objet qu'ils se sont choisi, dans un délire de possession qui, méprisant les lois de la nature, mutile leur esprit et leur âme.

Selon l'origine, la forme et l'objet du délire d'imagination épinglé par la comédie, le ridicule inhérent aux conduites qu'il suscite prendra tantôt les couleurs un peu sombres et rudes de l'obsession fanatique (portrait d'Arnolphe en professeur Spalanzani ou en docteur Frankenstein), tantôt les teintes riantes, voire criardes, d'une euphorie chimérique (portrait de M. de La Souche en joli cœur). Mais de quelque façon que s'organise et se distribue le système du délire dans ses variations infinies, tous les visionnaires du théâtre comique, chimériques épris de pures chimères ou engoués d'une réalité que transfigure leur délire, gens à marotte dénaturant un bien véritable ou s'acharnant après une lubie sans fondement, tous subissent la même fascination : qu'ils soient obsédés d'une perte ou affamés d'un gain, qu'ils luttent pour avoir ou pour être, se méprennent ou rêvent tout éveillés, qu'ils soient euphoriques et colériques ou inquiets et atrabilaires, leur hantise commune est de tout ramener à leur cher moi, et leur commune erreur de se repaître d'images trompeuses qui égarent leur âme et leur esprit au lieu de les façonner et de les fortifier, qui disjoignent dangereusement le moi du monde, la réalité de l'illusion et la nature de l'apparence.

Arnolphe est une illustre victime de cette hypertrophie du moi, que La Rochefoucauld et d'autres autour de Molière nomment « amour-propre » et qu'ils regardent pour le fondement de toutes les folies et fureurs humaines. Cette épouse fidèle et toute dévouée à lui dont il a conçu le rêve chimérique, c'est un miroir complaisant dans lequel il entend mirer sa réussite là où tant d'autres ont échoué. Cette hantise d'être trompé, c'est l'image insupportable de la perte d'un bien qui serait aussi perte de soi : à travers les rodomontades du despote se lit la faiblesse apeurée, l'incertitude de soi qui prend la forme d'un repli sur une idée fixe et d'un rejet des normes communes, porte ouverte aux prestiges de l'illusion.

La science aliéniste n'avait pas encore théorisé au temps de Molière la répartition de la démence en « illusion » et « hallucination ». Mais le dictionnaire de Furetière (1690) prouve que l'on savait opérer déjà la distinction entre « voir ce qui n'est pas », signe de la chimère hallucinée, et voir ce qui est « autrement qu'il n'est en effet », marque de la marotte illusionnée [1]. Par son observation des conduites humaines, la fiction rejoignait la réalité, la comédie soumise aux lois de l'observation morale se rendait capable à son tour d'en dégager les règles fondamentales.

Et c'est la gloire de *L'École des femmes* d'en avoir offert une parfaite image. On y lit avec la clarté propre aux modèles opératoires, comme on l'a vu plus haut, la synthèse esthétique qu'accomplit le poétique du ridicule entre la vraisemblance et la *vis comica* ; la confrontation éthique entre la mutilation de la nature par le délire et l'épanouissement d'un beau naturel par le désir ; enfin le système anthropologique du délire d'imagination associant ses deux composantes principielles, marotte jalouse et chimère désirante. Avant Molière, la farce protégeait la fiction scénique de tout contact avec la réalité

---

1. Article « Illusion » du *Dictionnaire universel*.

qu'excluait sa démesure truculente. La comédie vraisemblable, elle, se soumettait aux lois de la réalité
sociale et morale dont l'œuvre d'art devait respecter les
normes pour en dénoncer les travers ; pour satisfaire à
la vraisemblance, la comédie se faisait non seulement
conforme à la réalité sur laquelle elle posait son calque,
mais encore conforme à ses normes, « conformiste », si
l'on peut dire, et mesurait le rire à l'aune du bon goût.
Avec l'esthétique du ridicule, tout change. C'est pour
ainsi dire la comédie qui soumet la réalité sociale et
morale à la loi comique, celle de la dissonance bouffonne — mais pour révéler grâce à cette école du sens
critique et à travers les entorses à la norme la règle véritable de la nature humaine : que la difformité et la dissonance par rapport à la raison et à la nature sont tout
aussi naturelles à l'homme que la norme qu'elles pervert-
issent, plus naturelles même. C'est le principe de vraisemblance qui dès lors exige que la nature humaine soit
perçue dans l'optique de la comédie, sans limite de déli-
catesse de goût, si la copie veut être vraie. Pour le dire
en bref, Molière impose à la réalité l'optique et les
valeurs de l'art comique. Et par là, il la révèle à sa vérité
profonde : l'esthétique du ridicule constitue en ce sens
la revanche de l'art sur la réalité au nom de la vérité. La
manière dont *L'École des femmes* formule cette loi en fait
sinon le chef-d'œuvre de Molière — qui pourrait tran-
cher ? — son œuvre du moins la plus limpide : une syntaxe lumineuse de l'écriture comique.

Patrick DANDREY

Note sur la présente édition

L'édition originale de *L'École des femmes* sortit des presses de l'imprimeur le 17 mars 1663 pour le compte des libraires C. Barbin, L. Billaine, J. Guignard, Th. Jolly, E. Loyson, G. de Luyne, G. Quinet et Ch. de Sercy, agissant en vertu d'un privilège accordé le 4 février. De cette édition on connaît, outre deux contre-façons, plusieurs tirages, qui varient très faiblement entre eux. Au fur et à mesure de la sortie des volumes, Molière lui-même, selon toute vraisemblance, fit modifier quelques termes : « Que » substitué à « Car » au v. 19, « quelques » à « d'aucuns » au v. 54, « Source » à « Souche » au v. 328, « ni » à « et » au v. 501, « esprit » à « amour » au v. 955, « tout parfait » à « trop parfait » au v. 1178, « Et » à « Car » au v. 1250, « Mon Dieu ! » à « Monsieur » au v. 1343, « semble moins » à « n'est pas » au v. 1345, « me » à « nous » au v. 1699. Les premiers mots du vers 1477 (« Et j'aurais ») passaient de la bouche d'Horace à celle d'Agnès. Enfin disparaissaient quelques erreurs de pagination et de titre courant, une faute de langue dans l'Extrait du Privilège (un masculin pour un féminin), et une leçon discutable au v. 1630 : « récrire », que remplace « écrire »[1]. On répute pour second tirage

___

1. À noter que « récrire » se justifiait d'une certaine manière par l'existence d'une première lettre d'Oronte à Horace (v. 267). La réapparition de cette leçon dans l'édition collective de 1682 peut même laisser soupçonner que la correction avait procédé d'une initiative de l'imprimeur ou de l'éditeur, que n'aurait pas agréée l'auteur soucieux de conserver le préfixe itératif, un peu étrange en l'occurrence, mais somme toute logique. Nous imprimerons donc « récrire ».

les exemplaires portant l'ensemble de ces corrections. Un tirage dit « troisième » ajoute à ces amendements quelques fautes manifestes : oubli du v. 356, lapsus aux v. 10, 345 et 1660, omission d'un mot au v. 699. Et puis une intervention intempestive, sans doute due au compositeur, a corrigé indûment le plaisant « strodagème » d'Alain (v. 211) en un « stratagème » moins pittoresque. C'est au total le « second tirage », complet de tous les amendements et expurgé des erreurs ajoutées par le suivant, qui se recommande comme le plus soigné et le plus conforme aux intentions de l'auteur, autant que l'on puisse en juger[1]. Il est d'autre part le plus proche de la version proposée par l'édition collective de 1674-1675 qu'avait préparée Molière lui-même juste avant sa mort, et par l'édition posthume des *Œuvres de M. de Molière* (1682) établie par La Grange et Vivot, qui fait autorité en la matière.

Si donc nous suivons ici le premier tirage de 1663, faute d'accès au second conservé dans des collections privées, nous en offrons une version bien complète des onze amendements cités ci-dessus. Nous complétons le texte, en notes infrapaginales, par quelques-unes des didascalies que nous a conservées une édition plus tardive (*Les Œuvres de Molière*, Paris, Compagnie des Libraires, 1734) et qui témoignent de traditions de jeu anciennes, sans doute contemporaines de la création. Nous avons modernisé l'orthographe du texte afin d'en améliorer la lisibilité pour le lecteur moderne. Nous avons respecté en revanche la ponctuation, à quelques

---

1. Selon A. J. Guibert, *Bibliographie des œuvres de Molière publiées au XVIIe siècle*, CNRS, (1961) 1977, 2 vol., p. 117-139. Il rappelle que l'un des deux exemplaires de la Bnf (1er tirage) porte « des corrections manuscrites faites d'une main d'époque et qui rétablissent le texte dans sa forme définitive » pour les amendements des v. 19, 955, 1178 et 1250. Ces corrections portées également sur un autre exemplaire conservé par une bibliothèque privée pourraient être de Molière lui-même.

aberrations près [1], et l'usage des majuscules. Rien ne permet d'affirmer en toute certitude que ces marques portent davantage que l'orthographe la signature assumée de l'auteur, en un temps où les imprimeurs interviennent lourdement dans la mise en forme des textes qu'ils composent. Il n'est pas absolument prouvé non plus que la rythmique vocale et les effets de soulignement suggérés par cette sémiologie typographique transposent dans l'écrit ceux de la diction dramatique, comme le voudrait certain courant de la recherche actuelle. Mais puisque leur valeur peut être soutenue sinon démontrée, pourquoi priver de ces témoignages le lecteur d'aujourd'hui ? A peine sera-t-il peut-être gêné, au début de sa lecture, par le dépaysement d'un système de ponctuation souvent insolite, parfois aberrant ; mais au train allègre où se dégradent en France les exigences de l'enseignement du français, gageons que ce dépaysement ira décroissant dans les années à venir, l'effet d'insolite se noyant dans l'accoutumance à l'incongru.

Nous suivons l'exemplaire intitulé *L'Escole des femmes, Comédie, Par I.B.P. Molière. À Paris, chez Louis Bilaine*, 1663 (BnF, Rés. Yf 4156), corroboré par le tirage fait pour Charles de Sercy (BnF, Rés. Yf 4158).

---

1. Chaque fois que nous sommes intervenus, le lecteur trouvera en note infrapaginale la ponctuation originale : il pourra ainsi juger lui-même de l'opportunité de notre intervention.

« Les Farceurs français et italiens depuis soixante ans et plus,
peints en 1670. »
À gauche : Molière dans le costume d'Arnolphe.

L'École des femmes

À MADAME [1]

Madame,

Je suis le plus embarrassé homme du monde, lorsqu'il me faut dédier un Livre, et je me trouve si peu fait au style d'Épître Dédicatoire, que je ne sais par où sortir de celle-ci. Un autre Auteur, qui serait en ma place, trouverait d'abord cent belles choses à dire de Votre Altesse Royale, sur le titre de L'École des Femmes, et l'offre qu'il vous en ferait. Mais pour moi, Madame, je vous avoue mon faible [2]. Je ne sais point cet art de trouver des rapports entre des choses si peu proportionnées ; et quelques belles lumières, que mes Confrères les Auteurs me donnent tous les jours sur de pareils sujets, je ne vois point ce que Votre Altesse Royale pourrait avoir à démêler avec la Comédie que je lui présente. On n'est pas en peine, sans doute, comment il faut faire pour vous louer. La matière, Madame, ne saute que trop aux yeux, et de quelque côté qu'on vous regarde, on rencontre Gloire sur Gloire, et qualités sur qualités. Vous

---

1. Titre porté en France par l'épouse du frère du roi : il s'agit en l'occurrence d'Henriette d'Angleterre, mariée depuis 1661 au frère de Louis XIV, Philippe d'Orléans, protecteur officiel de la troupe de Molière et, à ce titre, dédicataire lui-même de *L'École des maris* un an et demi plus tôt. Amie éclairée des arts, des lettres et des plaisirs, peu soupçonnable de rigorisme moral, Madame, qui faisait planer sur l'entourage du roi l'esprit « jeune cour », était toute désignée pour recevoir la dédicace de cette nouvelle *École*. Elle devait être en 1664 la marraine du premier-né de Molière et Armande.   2. « Le principal défaut d'une personne ou d'une chose, l'endroit par où on la peut prendre plus aisément » (Furetière, *Dictionnaire universel*, 1690).

en avez, MADAME, du côté du rang, et de la naissance,
qui vous font respecter de toute la terre. Vous en avez
du côté des Grâces, et de l'Esprit, et du Corps, qui vous
font admirer de toutes les personnes, qui vous voient.
Vous en avez du côté de l'âme, qui, si l'on ose parler
ainsi, vous font aimer de tous ceux qui ont l'honneur
d'approcher de vous : Je veux dire cette douceur pleine
de Charmes, dont vous daignez tempérer la fierté des
grands titres que vous portez ; cette bonté toute obli-
geante ; cette affabilité généreuse, que vous faites
paraître pour tout le monde : Et ce sont particulièrement
ces dernières pour qui je suis, et dont je sens fort bien
que je ne me pourrai taire quelque jour[1]. Mais encore
une fois, MADAME, je ne sais point le biais de faire entrer
ici des vérités si éclatantes, et ce sont choses, à mon avis,
et d'une trop vaste étendue, et d'un mérite trop relevé,
pour les vouloir renfermer dans une Épître, et les mêler
avec des bagatelles. Tout bien considéré, MADAME, Je
ne vois rien à faire ici pour moi, que de vous Dédier
simplement ma Comédie, et de vous assurer avec tout
le respect, qu'il m'est possible, que je suis

de VOTRE ALTESSE ROYALE,
MADAME,
Le très-humble, très-obéissant,
et très-obligé serviteur,
J. B. MOLIÈRE.

---

1. L'éloge de la bienveillance souriante et affable est un thème que
Molière affectionne tout particulièrement dans son éloge des princes.
Voir son *Remerciement au roi* (p. 194-197 ci-après), v. 98-99.

PRÉFACE

Bien des gens ont frondé d'abord[1] cette Comédie : mais les rieurs ont été pour elle, et tout le mal qu'on en a pu dire, n'a pu faire qu'elle n'ait eu un succès, dont je me contente. Je sais qu'on attend de moi, dans cette impression, quelque Préface, qui réponde aux censeurs, et rende raison de mon Ouvrage ; et sans doute que je suis assez redevable à toutes les personnes, qui lui ont donné leur approbation, pour me croire obligé de défendre leur jugement, contre celui des autres : mais il se trouve qu'une grande partie des choses, que j'aurais à dire sur ce sujet, est déjà dans une Dissertation, que j'ai faite en Dialogue, et dont je ne sais encore ce que je ferai[2]. L'idée de ce Dialogue, ou si l'on veut, de cette petite Comédie, me vint après les deux ou trois premières représentations de ma Pièce ; Je la dis cette idée dans une maison où je me trouvai un soir, et d'abord une personne de qualité, dont l'esprit est assez connu dans le monde, et qui me fait l'honneur de m'aimer, trouva le projet assez à son gré, non seulement pour me solliciter d'y mettre la main, mais encore pour l'y mettre lui-même, et je fus étonné que deux jours après il me montra toute l'affaire exécutée, d'une manière, à la vérité, beaucoup plus Galante, et plus Spirituelle, que je ne puis faire, mais où je trouvai des choses trop avanta-

---

1. Dès l'origine. L'adverbe suggère que la cabale des « délicats » qui jouent les effarouchés devant la liberté formelle et morale de la pièce procéda de préjugé.   2. Il s'agit évidemment de *La Critique de l'École des femmes* qui sera créée le 1er juin 1663.

geuses pour moi, et j'eus peur, que si je produisais cet Ouvrage sur notre Théâtre, on ne m'accusât d'abord d'avoir mendié les louanges, qu'on m'y donnait[1]. Cependant cela m'empêcha, par quelque considération, d'achever ce que j'avais commencé ; mais tant de gens me pressent tous les jours de le faire, que je ne sais ce qui en sera, et cette incertitude est cause, que je ne mets point dans cette Préface, ce qu'on verra dans la *Critique*, en cas que je me résolve à la faire paraître. S'il faut que cela soit, je le dis encore, ce sera seulement pour venger le public du chagrin délicat[2] de certaines gens ; car pour moi je m'en tiens assez vengé par la Réussite de ma Comédie, et je souhaite que toutes celles, que je pourrai faire, soient traitées par eux, comme celle-ci, pourvu que le reste suive de même.

---

1. Ce récit répond à une présentation calomnieuse des faits par Donneau de Visé (troisième partie des *Nouvelles nouvelles*, parues le 9 février précédent) : « Nous verrons dans peu [...] une pièce de [Molière], intitulée *La Critique de l'École des femmes*, où il dit toutes les fautes que l'on reprend dans sa Pièce, et les excuse en même temps. – Elle n'est pas de lui, repartit Straton, elle est de l'abbé du Buisson, qui est un des plus galants hommes du Siècle. – J'avoue, lui répondit Clorande, que cet illustre Abbé en a fait une, et que l'ayant portée à l'Auteur dont nous parlons, il trouva des raisons pour ne la point jouer, encore qu'il avouât qu'elle fût bonne ; Cependant comme son esprit consiste principalement à se savoir bien servir de l'occasion, et que cette idée lui a plu, il a fait une Pièce sur le même sujet, croyant qu'il était seul capable de se donner des louanges. » Poète à la fois satirique et galant, l'abbé du Buisson est tenu dans les milieux mondains d'alors pour « un homme de qualité qui a autant d'esprit qu'on en peut avoir » (Somaize, *Grand Dictionnaire des Précieuses*, 1661). 2. « On dit aussi, qu'un homme fait bien le *délicat*, pour dire, qu'il est fort difficile à contenter » (Furetière). Voir la note 1, p. 45

L'ESCOLE
DES
FEMMES.
COMEDIE.

Par I. B. P. MOLIERE.

A PARIS,

Chez GABRIEL QVINET, au Palais,
dans la Gallerie des Prifonniers,
à l'Ange Gabriel.

M. DC. LXIII.

Les personnages

ARNOLPHE, Autrement Monsieur de la Souche [1].
AGNÈS, Jeune Fille innocente élevée par Arnolphe [2].
HORACE, Amant d'Agnès.
ALAIN, Paysan, valet d'Arnolphe.
GEORGETTE, Paysanne, servante d'Arnolphe.
CHRYSALDE, Ami d'Arnolphe [3].
ENRIQUE, Beau-frère de Chrysalde.
ORONTE, Père d'Horace, et grand ami d'Arnolphe [4].

La Scène est dans une place de Ville [5].

---

1. Arnulphius (saint Arnoul, ou Ernol) s'était volontairement séparé de sa femme Scariberge. Ce sacrifice inspiré par une aspiration toute spirituelle à la chasteté l'institua, par dérision maligne, patron des cocus contents de leur sort : un « arnol », c'est au Moyen Âge un « mari trompé, en particulier de l'espèce de ceux qui sont contents de leur sort et en tirent tout le parti possible » (Godefroy, *Dictionnaire de l'ancienne langue française*). Arnolphe a quarante-deux ans, l'âge même de son interprète, Molière (v. 170). **2.** Sainte Agnès fut martyrisée à treize ans. Ses cheveux poussèrent au moment de son sacrifice pour voiler sa nudité soumise à l'épreuve de l'impudicité : le prénom évoque la candeur et la pudeur violentées. Catherine De Brie qui crée le rôle a cependant passé la trentaine. **3.** L'étymologie de ce prénom de théâtre (radical *chrys-*) évoque un personnage bel et bon parleur — tel le saint évêque de Constantinople Jean dit Chrysostome, *ie* « Bouche d'or », en raison de son éloquence. **4.** L'éd. de 1734 ajoute : « UN NOTAIRE ». **5.** « *La scène est à Paris, dans une place d'un faubourg* » (1734). Rien dans la pièce ne le précise, mais c'est probable (cf. v. 289-290).

ACTE I

Scène 1

CHRYSALDE, ARNOLPHE

CHRYSALDE

Vous venez, dites-vous, pour lui donner la main ?

ARNOLPHE

Oui, je veux terminer la chose dans demain[1].

CHRYSALDE

Nous sommes ici seuls, et l'on peut, ce me semble,
Sans craindre d'être ouïs, y discourir ensemble.
Voulez-vous qu'en ami je vous ouvre mon cœur ?
Votre dessein, pour vous, me fait trembler de peur ;
Et de quelque façon que vous tourniez l'affaire,
Prendre Femme, est à vous un coup bien téméraire.

ARNOLPHE

Il est vrai, notre Ami. Peut-être que chez vous
10 Vous trouvez des sujets de craindre pour chez nous ;
Et votre front, je crois, veut que du Mariage,

---

1. « Donner la main », c'est « donner la foi de mariage, épouser quelqu'un » (Furetière). « Dans demain » est plus rare et sibyllin : on pourra entendre *dans la journée de demain*, même si le v. 622 définit un délai plus bref encore. Comprenons que le mariage sera contracté le soir même, et que sa consommation et sa célébration n'excéderont pas la journée du lendemain. En tout cas, ces deux vers définissent d'emblée l'unité de lieu (« Vous venez », cf. aussi v. 146), d'action (« pour lui donner la main ») et de temps (« dans demain », cf. aussi v. 152).

Les Cornes soient partout l'infaillible apanage[1].

CHRYSALDE

Ce sont coups du Hasard, dont on n'est point garant ;
Et bien sot, ce me semble, est le soin qu'on en prend[2].
Mais quand je crains pour vous, c'est cette raillerie
Dont cent pauvres Maris ont souffert la furie :
Car enfin vous savez, qu'il n'est grands, ni petits,
Que de votre Critique on ait vus garantis ;
Car[3] vos plus grands plaisirs sont, partout où vous êtes,
20 De faire cent éclats des intrigues secrètes...

ARNOLPHE

Fort bien : Est-il au monde une autre Ville aussi,
Où l'on ait des Maris si patients qu'ici ?
Est-ce qu'on n'en voit pas de toutes les espèces,
Qui sont accommodés[4] chez eux de toutes pièces ?
L'un amasse du bien, dont sa Femme fait part
À ceux qui prennent soin de le faire Cornard.
L'autre un peu plus heureux, mais non pas moins
                                                    [infâme,
Voit faire tous les jours des présents à sa Femme,
Et d'aucun soin jaloux n'a l'esprit combattu,
30 Parce qu'elle lui dit que c'est pour sa vertu[5].

---

1. Une double hypallage obscurcit le sens de ces deux vers : « votre front » ne désigne pas le front *de Chrysalde* (cf. v. 83) mais le front *des maris* selon Chrysalde, à en croire Chrysalde, à *vous* en croire. Et « votre front veut » s'entend : *vous voulez*, vous prétendez, si l'on s'en fie à vous, *que le front des maris*... La phrase signifie donc que, pour Arnolphe (« je crois »), Chrysalde envisage les cornes au front des maris comme l'inévitable conséquence du mariage. Il faut bien avouer que le souci d'ennoblissement rhétorique de la langue tourne ici un peu au galimatias.   2. Charles de Sigogne, brocardant la « Crainte du cocuage » sous la forme d'une consolation paradoxale pour les maris trompés, modulait déjà le thème de l'infaillible apanage et des soins inutiles : « Car c'est bien en vain que l'on craint / Si le mal est inévitable. » *Recueil des plus excellents vers satyriques de ce temps,* 1617. Rééd. [*in*] *Œuvres satyriques complètes*, Bibliothèque des curieux, 1920, p. 120-121.   3. 1ᵉʳ tirage : « Que ».   4. « Accommoder, se prend quelquefois à contresens, et en mauvaise part, et signifie, maltraiter, gâter, mettre en mauvais état » (Furetière).   5. Au sens de mérite.

L'un fait beaucoup de bruit, qui ne lui sert de guère ;
L'autre, en toute douceur, laisse aller les affaires,
Et voyant arriver chez lui le Damoiseau,
Prend fort honnêtement ses gants, et son manteau.
L'une de son Galant, en adroite Femelle,
Fait fausse confidence à son Époux fidèle,
Qui dort en sûreté sur un pareil appas,
Et le plaint, ce Galant, des soins qu'il ne perd pas.
L'autre, pour se purger[1] de sa magnificence,
40 Dit qu'elle gagne au jeu l'argent qu'elle dépense,
Et le Mari benêt, sans songer à quel jeu,
Sur les gains qu'elle fait, rend des grâces à Dieu.
Enfin ce sont partout des sujets de Satire[2],
Et comme Spectateur, ne puis-je pas en rire ?
Puis-je pas de nos Sots[3]...

                    CHRYSALDE

                              Oui : mais qui rit d'autrui
Doit craindre, qu'en revanche, on rie aussi de lui.
J'entends parler le monde, et des gens se délassent
À venir débiter les choses qui se passent :
Mais quoi que l'on divulgue aux endroits où je suis,
50 Jamais on ne m'a vu triompher[4] de ces bruits ;
J'y suis assez modeste ; et bien qu'aux occurrences[5]
Je puisse condamner certaines tolérances ;
Que mon dessein ne soit de souffrir nullement,
Ce que d'aucuns[6] Maris souffrent paisiblement,

---

1. « On dit se purger d'une accusation pour dire : faire connaître
qu'on est innocent » (*Dictionnaire de l'Académie française*, 1694)
2. La tirade vient en effet de passer en revue bonne part des thèmes
topiques de la satire inépuisable des cocus. Molière en a pu trouver
l'expression auprès de bien des auteurs, dont Rabelais, mais on songe
tout particulièrement au farceur Bruscambille, dont le Prologue « Des
cocus ou de l'utilité des cornes » loue avant Arnolphe ces maris benêts
« qui sont un vrai patron d'humilité, de modestie et de patience ». *Les
Œuvres de Bruscambille*, 1626, p. 228.   3. « Sot, signifie aussi un
cocu, un cornard, le mari d'une femme dissolue ou infidèle » (Furetière).   4. M'enorgueillir de ma situation par comparaison avec
celle de ces cocus avérés.   5. Au cas par cas.   6. 1er tirage :
« quelques ».

Pourtant je n'ai jamais affecté de le dire ;
Car enfin il faut craindre un revers de Satire,
Et l'on ne doit jamais jurer, sur de tels cas,
De ce qu'on pourra faire, ou bien ne faire pas.
Ainsi quand à mon front, par un sort qui tout mène,
60   Il serait arrivé quelque disgrâce humaine ;
Après mon procédé, je suis presque certain
Qu'on se contentera de s'en rire sous main ;
Et peut-être qu'encor j'aurai cet avantage,
Que quelques bonnes gens diront, que c'est

                           [dommage ! [1]

Mais de vous, cher Compère, il en est autrement ;
Je vous le dis encor, vous risquez diablement.
Comme sur les Maris accusés de souffrance,
De tout temps votre langue a daubé d'importance,
Qu'on vous a vu contre eux un Diable déchaîné
70   Vous devez marcher droit, pour n'être point berné [2] ;
Et s'il faut que sur vous on ait la moindre prise,
Gare qu'aux Carrefours on ne vous tympanise [3],
Et...

ARNOLPHE

   Mon Dieu, notre Ami, ne vous tourmentez point ;
Bien huppé qui pourra m'attraper sur ce point.
Je sais les tours rusés, et les subtiles trames,
Dont pour nous en planter [4], savent user les Femmes,
Et comme on est dupé par leurs dextérités ;
Contre cet accident j'ai pris mes sûretés,
Et celle que j'épouse, a toute l'innocence

---

1. La pause introduite par la virgule au milieu du vers (ponctuation originale) transforme en exclamative ce que l'on considère aujourd'hui comme une complétive. La ponctuation moderne (« ... diront que c'est dommage. ») supprime cet effet.   2. Au sens de moqué, raillé. « Berner, se dit aussi figurément pour ballotter, railler quelqu'un, le faire servir de jouet à une compagnie » (Furetière).   3. « Tympaniser. v. act. Blâmer quelqu'un en public » (Furetière). D'après la *tympana* latine, la peau du tambour au son duquel se proclament les nouvelles publiques.   4. « On dit qu'on a *planté* des cornes à quelqu'un, lorsqu'on lui a débauché sa femme » (Furetière).

80   Qui peut sauver mon front de maligne influence[1].

CHRYSALDE

Et que prétendez-vous qu'une Sotte en un mot...

ARNOLPHE

Épouser une Sotte, est pour n'être point Sot[2] :
Je crois, en bon Chrétien, votre moitié fort sage ;
Mais une Femme habile est un mauvais présage,
Et je sais ce qu'il coûte à de certaines gens,
Pour avoir pris les leurs avec trop de talents.
Moi j'irais me charger d'une Spirituelle,
Qui ne parlerait rien que Cercle, et que Ruelle[3] ?
Qui de Prose, et de Vers, ferait de doux écrits,
90   Et que visiteraient Marquis, et beaux Esprits,
Tandis que, sous le nom de Mari de Madame,
Je serais comme un Saint, que pas un ne réclame ?
Non, non, je ne veux point d'un Esprit qui soit haut,
Et Femme qui compose, en sait plus qu'il ne faut.
Je prétends que la mienne, en clartés peu sublime,
Même ne sache pas ce que c'est qu'une Rime ;
Et s'il faut qu'avec elle on joue au Corbillon,
Et qu'on vienne à lui dire, à son tour, qu'y met-on ?

---

1. « Influence. s. f. Qualité qu'on dit s'écouler du corps des astres,
ou l'effet de leur chaleur et de leur lumière, à qui les astrologues attri-
buent tous les événements qui arrivent sur la terre. » « Malin se dit
aussi des choses inanimées qui sont nuisibles. Cette peste, cette stérilité vient de quelque *maligne* influence » (Furetière). Sur ce thème, voir
les v. 13, 84, 1182, 1198, 1206, 1246, 1285, 1310, 1358, 1456. Et
L'École des maris, v. 1099.   **2.** Jeu de mots sur les deux sens de
« sot ». Voir la note du v. 45. Et *Le Cocu imaginaire*, v. 448.   **3.** Ini-
tialement, « Cercle, se dit [...] d'une assemblée qui se fait chez la
Reine, où les Dames se tiennent en rond autour d'elle... » (Furetière) ;
par extension, le terme désigne une coterie mondaine réunie autour
d'une maîtresse de maison ; il est teinté d'une légère coloration intellectuelle (cf. *Le Cercle des femmes savantes,* poème de La Forge, 1663).
« Ruelle, se dit aussi des alcôves, et des lieux parés où les Dames reçoi-
vent leurs visites, soit dans le lit, soit sur des sièges » (Furetière).

Je veux qu'elle réponde, une tarte à la crème[1] ;
100 En un mot, qu'elle soit d'une ignorance extrême ;
Et c'est assez pour elle, à vous en bien parler,
De savoir prier Dieu, m'aimer, coudre, et filer.

CHRYSALDE

Une Femme stupide est donc votre Marotte[2] ?

ARNOLPHE

Tant, que j'aimerais mieux une laide, bien sotte,
Qu'une Femme fort belle, avec beaucoup d'esprit[3].

CHRYSALDE

L'esprit, et la beauté...

ARNOLPHE

L'honnêteté suffit.

CHRYSALDE

Mais comment voulez-vous, après tout, qu'une bête
Puisse jamais savoir ce que c'est qu'être honnête ?
Outre qu'il est assez ennuyeux, que je crois,
110 D'avoir toute sa vie une bête avec soi,

---

1. « Corbillon. s. m. Panier à mettre des oublies [*pâtisseries un peu sem-*
blables aux gaufres], étroit par le milieu, large par les extrémités... Est
aussi un petit jeu d'enfants où on s'exerce à rimer en *on* » (Furetière).
Arnolphe rêve d'une sotte capable de confondre la chose et le mot, la
réalité et l'image, l'usage pratique du panier à pâtisserie et le détournement ludique qu'imprime au vocable le jeu d'association entre mots
en *-on*.   2. « Marotte. subst. fém. Ce que les fous portent à la main
pour les faire reconnaître. C'est un bâton au bout duquel il y a une petite
figure ridicule en forme de marionnette coiffée d'un bonnet de diffé-
rentes couleurs... Marotte se dit aussi d'une passion violente qui cause
quelque dérèglement d'esprit approchant de la folie. Chaque fou a sa
marotte » (Furetière). Cf. v. 195-196. Sur la marotte d'Arnolphe, voir
notre préface, p. 31 et suiv.   3. Le choix paradoxal de priser davantage « une laide qui fût sotte qu'une belle qui ne le fût pas » est transcrit
de *La Précaution inutile* de Scarron, source de Molière. À quoi il y est
répondu, comme va le faire Chrysalde : « Et comment une sotte sera-
t-elle honnête femme, [...] si elle ne sait pas ce que c'est que l'honnêteté,
et n'est pas même capable de l'apprendre ? » (Paris, 1661, p. 59).

Pensez-vous le bien prendre, et que sur votre idée
La sûreté d'un front puisse être bien fondée ?
Une Femme d'esprit peut trahir son devoir ;
Mais il faut, pour le moins, qu'elle ose le vouloir ;
Et la stupide au sien peut manquer d'ordinaire,
Sans en avoir l'envie, et sans penser le faire.

ARNOLPHE

À ce bel argument, à ce discours profond,
Ce que Pantagruel à Panurge répond[1].
Pressez-moi de me joindre à Femme autre que sotte ;
120 Prêchez, patrocinez jusqu'à la Pentecôte,
Vous serez ébahi, quand vous serez au bout,
Que vous ne m'aurez rien persuadé du tout[2].

CHRYSALDE

Je ne vous dis plus mot.

ARNOLPHE

                    Chacun a sa méthode.
En Femme, comme en tout, je veux suivre ma mode ;
Je me vois riche assez, pour pouvoir, que je crois,
Choisir une moitié, qui tienne tout de moi,
Et de qui la soumise, et pleine dépendance
N'ait à me reprocher[3] aucun bien, ni naissance.
Un air doux, et posé, parmi d'autres enfants,
130 M'inspira de l'amour pour elle, dès quatre ans :
Sa Mère se trouvant de pauvreté pressée,
De la lui demander il me vint la pensée,

---

1. Ellipse du verbe principal (*je réponds, j'oppose*) pourvue d'effet
esthétique (archaïsme stylistique), psychologique (brutalité furieuse)
et rhétorique (énergie du tour).   **2.** Réplique de Pantagruel à
Panurge, laudateur paradoxal de l'endettement : « Prêchez et patrocinez (*plaidez*) d'ici à la Pentecôte, enfin vous serez ébahi comment rien
ne m'aurez persuadé », Rabelais, *Le Tiers Livre*, ch. v.   **3.** Au sens
d'objecter. Une femme qui tiendra tout de lui ne pourra objecter à la
tyrannie d'Arnolphe ni la dot qu'elle ne lui aura pas apportée ni les
égards dus à une naissance qui sera rien moins qu'illustre.

Et la bonne Paysanne [1], apprenant mon désir,
À s'ôter cette charge eut beaucoup de plaisir.
Dans un petit Couvent, loin de toute pratique [2],
Je la fis élever selon ma politique
C'est-à-dire ordonnant quels soins on emploirait,
Pour la rendre idiote [3] autant qu'il se pourrait.
Dieu merci, le succès a suivi mon attente,
140 Et grande, je l'ai vue à tel point innocente
Que j'ai béni le Ciel d'avoir trouvé mon fait,
Pour me faire une Femme au gré de mon souhait.
Je l'ai donc retirée ; et comme ma demeure
À cent sortes de monde est ouverte à toute heure,
Je l'ai mise à l'écart, comme il faut tout prévoir,
Dans cette autre Maison, où nul ne me vient voir ;
Et pour ne point gâter sa bonté naturelle,
Je n'y tiens que des gens tout aussi simples qu'elle.
Vous me direz : [4] pourquoi cette narration ?
150 C'est pour vous rendre instruit de ma précaution.
Le résultat de tout, est qu'en Ami fidèle,
Ce soir, je vous invite à souper avec elle :
Je veux que vous puissiez un peu l'examiner,
Et voir, si de mon choix on me doit condamner.

CHRYSALDE

J'y consens.

ARNOLPHE

Vous pourrez, dans cette conférence [5],
Juger de sa personne, et de son innocence.

---

1. Prononcé en deux syllabes au lieu de trois par synérèse de « a » avec
« y ». 2. « Pratique, se dit ordinairement de l'usage du monde, des coutumes, des choses à quoi on s'applique » (Furetière). 3. « Idiot, ote. adj.
et quelquefois subst. Sot, niais, peu rusé, peu éclairé. Il a une femme si
idiote, qu'elle n'entend point le ménage » (Furetière). Le qualificatif
confond sottise et ignorance. Les commentateurs de ce vers ne retiennent
d'ordinaire que la seconde acception. Rien ne nous paraît justifier cette
sélection : une éducation obtuse, un système éducatif aberrant ou indigent
peuvent rendre stupides un individu, une génération d'individus ou toute
une population — qui nierait cette évidence ? 4. Nous ajoutons les
deux points. 5. Au sens ancien de confrontation et de conversation.

CHRYSALDE

Pour cet article-là, ce que vous m'avez dit
Ne peut...

ARNOLPHE

La vérité passe encor mon récit.
Dans ses simplicités à tous coups je l'admire,
160 Et parfois elle en dit, dont je pâme de rire.
L'autre jour (pourrait-on se le persuader ?[1])
Elle était fort en peine, et me vint demander,
Avec une innocence à nulle autre pareille,
Si les enfants qu'on fait, se faisaient par l'oreille[2].

CHRYSALDE

Je me réjouis fort, Seigneur Arnolphe...

ARNOLPHE

Bon ;
Me voulez-vous toujours appeler de ce nom ?

CHRYSALDE

Ah ! malgré que j'en aie, il me vient à la bouche,
Et jamais je ne songe à Monsieur de la Souche.
Qui diable vous a fait aussi vous aviser,
170 À quarante et deux ans, de vous débaptiser ?
Et d'un vieux tronc pourri de votre Métairie,
Vous faire dans le Monde un nom de Seigneurie ?

ARNOLPHE

Outre que la Maison[3] par ce nom se connaît,
La Souche, plus qu'Arnolphe, à mes oreilles plaît.

---

1. Nous ajoutons le point d'interrogation. 2. Détournement (libertin ?) du dogme de la conception de Jésus, fécondé par la parole de Gabriel dans le sein de Marie qui « crut à la voix de l'Ange et conçut par l'oreille » (C[al] J. Du Perron, *Cantique de la Vierge*). 3. On peut entendre que le vocable désigne la propriété d'Arnolphe aux champs. Mais « Maison, se dit aussi d'une race noble, d'une suite de gens illustres venus de la même souche... Les *Maisons* de Bourbon et d'Autriche sont les deux plus anciennes et illustres de l'Europe » (Furetière). Emphatique dans cette acception-là, le terme est inapproprié à

CHRYSALDE

Quel abus, de quitter le vrai nom de ses Pères,
Pour en vouloir prendre un bâti sur des chimères ![1]
De la plupart des gens c'est la démangeaison ;
Et sans vous embrasser dans la comparaison,
Je sais un Paysan, qu'on appelait gros Pierre,
180 Qui n'ayant, pour tout bien, qu'un seul quartier de terre,
Y fit tout à l'entour faire un fossé bourbeux,
Et de Monsieur de l'Isle en prit le nom pompeux[2].

ARNOLPHE

Vous pourriez vous passer d'exemples de la sorte :
Mais enfin de la Souche est le nom que je porte ;
J'y vois de la raison, j'y trouve des appas,
Et m'appeler de l'autre, est ne m'obliger pas[3].

CHRYSALDE

Cependant la plupart ont peine à s'y soumettre,
Et je vois même encor des adresses de Lettre...

ARNOLPHE

Je le souffre aisément de qui n'est pas instruit ;
190 Mais vous...

CHRYSALDE

Soit. Là-dessus nous n'aurons point de bruit[4],

---

une ascendance bourgeoise. Il appelle et légitime la qualification de
« chimère » du v. 176.
   1. Ponctuation originale : « ... bâti sur des chimères ? ».   **2.** Thomas, cadet de Pierre Corneille, comme lui poète dramatique et bien
connu de Molière qui côtoya les deux frères lors de son séjour rouennais de 1658, prenait le titre de sieur de l'Isle, du nom de la petite île
de la Litte, sur la Seine près d'Orival. D'Aubignac polémiquant avec
le grand Corneille lui rappelle, en juillet 1663, que Molière « fait conter
à un de ses acteurs qu'un de ses voisins ayant fait clore de fossés un
arpent de pré, se fit appeler M. de l'Isle, que l'on dit être le nom de
votre petit frère » (*Quatrième dissertation concernant le poème dramatique*,
1663, p. 115). L'application était donc évidente, encore renforcée par
le prénom de [Gros-]Pierre, allusion cette fois à l'aîné des deux frères.
3. C'est manquer d'obligeance envers moi.   **4.** De conflit. « Bruit,
signifie quelquefois, Sédition, querelle, confusion » (Furetière).

Et je prendrai le soin d'accoutumer ma bouche
À ne plus vous nommer que Monsieur de la Souche.

ARNOLPHE

Adieu : je frappe ici pour donner le bonjour,
Et dire seulement, que je suis de retour.

CHRYSALDE, *s'en allant.*

Ma foi je le tiens fou de toutes les manières.

ARNOLPHE

Il est un peu blessé[1] sur certaines matières.
Chose étrange de voir comme avec passion,
Un chacun est chaussé de son opinion ![2]
Holà.

Scène 2

ALAIN, GEORGETTE, ARNOLPHE

ALAIN

Qui heurte ?

ARNOLPHE

Ouvrez. On aura, que je pense[3],
200 Grande joie à me voir, après dix jours d'absence.

ALAIN

Qui va là ?

---

1. « Blesser, se dit figurément des choses spirituelles. [...] Un extravagant a l'esprit *blessé*, est *blessé* du cerveau » (Furetière).   **2.** *Il frappe à la porte.* (1734)   **3.** Structure archaïque d'anaphore par le relatif « que », fréquente au XVIIe siècle avec les relatifs de liaison « qui », « quoi » et « dont », mais limitée pour « que » aux syntagmes « que je crois, que je pense ». Voir N. Fournier, *Grammaire du français classique*, Paris, Belin, 1998, § 255.

ARNOLPHE

Moi.

ALAIN

Georgette ?

GEORGETTE

Hé bien ?

ALAIN

Ouvre là-bas.

GEORGETTE

Vas-y toi.

ALAIN

Vas-y toi.

GEORGETTE

Ma foi je n'irai pas.

ALAIN

Je n'irai pas aussi.

ARNOLPHE

Belle cérémonie
Pour me laisser dehors. Holà ho je vous prie.

GEORGETTE

Qui frappe ?

ARNOLPHE

Votre Maître.

GEORGETTE

Alain ?

ALAIN

Quoi ?

GEORGETTE

C'est Monsieur.
Ouvre vite.

ALAIN

Ouvre, toi.

GEORGETTE

Je souffle notre feu.

ALAIN

J'empêche, peur du Chat, que mon Moineau ne sorte.

ARNOLPHE

Quiconque de vous deux n'ouvrira pas la porte,
N'aura point à manger de plus de quatre jours.
210 Ha.

GEORGETTE

Par quelle raison y venir quand j'y cours ?

ALAIN

Pourquoi plutôt que moi ? Le plaisant strodagème [1] !

GEORGETTE

Ôte-toi donc de là.

ALAIN

Non, ôte-toi, toi-même.

GEORGETTE

Je veux ouvrir la porte.

---

1. Déformation du terme rare de « stratagème » : Alain est un paysan, fort « simple ». Certains tirages de l'édition originale corrigent abusivement l'erreur (voir notre note liminaire ci-dessus, p. 38). Auger rétablira la plaisante déformation dans son édition des *Œuvres de M. de Molière* (1819-1825). À noter que nous changeons le point en point d'interrogation au vers précédent.

ALAIN
Et je veux l'ouvrir, moi.

GEORGETTE
Tu ne l'ouvriras pas.

ALAIN
Ni toi non plus.

GEORGETTE
Ni toi.

ARNOLPHE
Il faut que j'aie ici l'âme bien patiente.

ALAIN
Au moins c'est moi, Monsieur.

GEORGETTE
Je suis votre Servante [1],
C'est moi.

ALAIN
Sans le respect de Monsieur que voilà,
Je te...

ARNOLPHE, *recevant un coup d'Alain.*
Peste.

ALAIN
Pardon.

ARNOLPHE
Voyez ce lourdaud-là.

---

1. Formule consacrée, expression de la contestation. Équivaut à « Je regrette, mais... ». Le *Dictionnaire* de Furetière donne le sens à l'article « Serviteur » : « Se dit proverbialement et ironiquement en cette phrase : Je suis votre *serviteur*, pour dire, Je ne suis pas de votre avis... »

ALAIN

C'est elle aussi, Monsieur...

ARNOLPHE

Que tous deux on se taise.

220 Songez à me répondre, et laissons la fadaise.
Hé bien, Alain, comment se porte-t-on ici ?

ALAIN

Monsieur, nous nous... Monsieur, nous nous por...
[Dieu merci ;
Nous nous [1]...

*Arnolphe ôte par trois fois le chapeau de dessus la tête
d'Alain.*

ARNOLPHE

Qui vous apprend, impertinente bête,
À parler devant moi, le chapeau sur la tête [2] ?

ALAIN

Vous faites bien, j'ai tort.

ARNOLPHE, *à Alain.*

Faites descendre Agnès.

À Georgette.

Lorsque je m'en allai, fut-elle triste après ?

GEORGETTE

Triste ! Non.

---

1. L'édition de 1734 indique qu'Arnolphe « *ôte le chapeau de dessus
la tête d'Alain* » à chaque interruption marquée par les points de sus-
pension et précise à la dernière : « *et le jetant par terre* ».   2. Ce lazzi
n'est pas pure farce. Il souligne aussi la balourdise d'Alain, nécessaire
à la vraisemblance et à la démonstration morale d'une intrigue fondée
sur le principe de la précaution inutile — ou pour mieux dire nuisible
— à force d'absurdité : la sottise d'Alain (et Georgette) sera pour
quelque chose dans la déconfiture d'Arnolphe, si mal secondé.

ARNOLPHE

Non !

GEORGETTE
Si fait.

ARNOLPHE
Pourquoi donc...

GEORGETTE
Oui, je meure,
Elle vous croyait voir de retour à toute heure ;
Et nous n'oyions jamais passer devant chez nous,
230 Cheval, Âne, ou Mulet, qu'elle ne prît pour vous.

Scène 3

AGNÈS, ALAIN, GEORGETTE, ARNOLPHE

ARNOLPHE
La besogne à la main, c'est un bon témoignage.
Hé bien, Agnès, je suis de retour du voyage,
En êtes-vous bien aise ?

AGNÈS
Oui, Monsieur, Dieu merci.

ARNOLPHE
Et moi de vous revoir, je suis bien aise aussi :
Vous vous êtes toujours, comme on voit, bien portée ?

AGNÈS
Hors les puces, qui m'ont la nuit inquiétée [1].

---

1. Au sens étymologique de troubler.

ARNOLPHE

Ah ! vous aurez dans peu quelqu'un pour les chasser.

AGNÈS

Vous me ferez plaisir.

ARNOLPHE

Je le puis bien penser.
Que faites-vous donc là ?

AGNÈS

Je me fais des Cornettes.
240 Vos Chemises de nuit, et vos Coiffes sont faites[1].

ARNOLPHE

Ha ! voilà qui va bien ; allez, montez là-haut,
Ne vous ennuyez point, je reviendrai tantôt,
Et je vous parlerai d'affaires importantes.

Tous étant rentrés.

Héroïnes du temps, Mesdames les Savantes,
Pousseuses de tendresse et de beaux sentiments[2],
Je défie à la fois tous vos Vers, vos Romans,
Vos Lettres, Billets doux, toute votre Science,
De valoir cette honnête et pudique ignorance.

---

1. Les cornettes sont « des coiffes ou linges que les femmes mettent la nuit sur leurs têtes, et quand elles sont en déshabillé ». Le terme de coiffe ne s'applique à une parure masculine que lorsqu'il s'agit « de la doublure, de la forme du chapeau qui est de satin, de taffetas, de treillis, et d'une garniture de bonnet de nuit qui est de linge, et qu'on change quand elle est sale, ou de celle qu'on met sous une perruque » (Furetière).   2. « On appelle ironiquement, un *pousseur de beaux sentiments* celui qui se pique de dire de belles choses, de belles moralités, et entre autres de ceux qui filent le parfait amour » (Furetière). Expression précieuse, « pousser le doux, le tendre, le passionné » s'associe à « débiter les beaux sentiments » pour définir la conduite du parfait amant dans *Les Précieuses ridicules*, sc. 4.

Scène 4

HORACE, ARNOLPHE

ARNOLPHE

Ce n'est point par le bien qu'il faut être ébloui ;
250 Et pourvu que l'honneur soit... Que vois-je ? Est-ce ?[1]...

[Oui,
Je me trompe. Nenni. Si fait. Non, c'est lui-même,
Hor...

HORACE

Seigneur Ar...

ARNOLPHE

Horace.

HORACE

Arnolphe.

ARNOLPHE

Ah ! joie extrême !
Et depuis quand ici ?

HORACE

Depuis neuf jours.

ARNOLPHE

Vraiment...

HORACE

Je fus d'abord chez vous, mais inutilement.

ARNOLPHE

J'étais à la campagne.

---

1. La pause justifie que l'*e* ne soit pas élidé, au contraire du v. 255 ci-après, où l'élision est favorisée par la coupe à l'hémistiche.

HORACE
Oui, depuis deux journées.

ARNOLPHE
Ô comme les enfants croissent en peu d'années !
J'admire de le voir au point où le voilà,
Après que je l'ai vu pas plus grand que cela.

HORACE
Vous voyez.

ARNOLPHE
                    Mais, de grâce, Oronte votre Père,
260 Mon bon et cher Ami, que j'estime et révère,
Que fait-il ? que dit-il ? est-il toujours gaillard ?
À tout ce qui le touche, il sait que je prends part.
Nous ne nous sommes vus depuis quatre ans ensemble.

HORACE
Ni, qui plus est, écrit l'un à l'autre, me semble [1].
Il est, Seigneur Arnolphe, encor plus gai que nous,
Et j'avais de sa part une Lettre pour vous ;
Mais depuis par une autre il m'apprend sa venue,
Et la raison encor ne m'en est pas connue.
Savez-vous qui peut être un de vos Citoyens
270 Qui retourne en ces lieux avec beaucoup de biens,
Qu'il s'est en quatorze ans acquis dans l'Amérique [2] ?

---

1. L'ellipse du clitique impersonnel « il » avec un verbe modal (*falloir, suffire, sembler*) est au XVIIᵉ siècle un archaïsme qui fait ici indice d'un niveau de langage familier, propre à connoter de bonhomie la conversation entre les deux amis retrouvés. Voir N. Fournier, *Grammaire du français classique*, § 5. Ce vers revient à Arnolphe dans l'édition de 1682 (et de 1734).   2. Au XVIIᵉ siècle, comme aujourd'hui, l'article non amalgamable s'efface normalement devant les noms de lieu précédés d'une préposition : « On dit, selon la règle, aller *en France, en Angleterre, à Paris, à Londres* », écrit Bouhours. Pour rendre compte du tour « dans l'Amérique, en l'Amérique », il explique que « cette irrégularité a principalement lieu pour tout ce qu'on appelle le nouveau monde [...]. Car pour les pays que nous connaissons depuis longtemps, je n'en sache guère qui ne suivent la règle générale... ». Et d'ajouter, exception à l'exception, le cas particulier du Canada : « Nous disons aller *en Canada* ; et apparemment nous traitons ce

ARNOLPHE

Non : Vous a-t-on point dit comme on le nomme ?

HORACE

          Enrique.

ARNOLPHE

Non.

HORACE

Mon Père m'en parle, et qu'il est revenu,
Comme s'il devait m'être entièrement connu,
Et m'écrit qu'en chemin ensemble ils se vont mettre,
Pour un fait important que ne dit point sa Lettre.

ARNOLPHE

J'aurai certainement grande joie à le voir,
Et pour le régaler je ferai mon pouvoir.

Après avoir lu la Lettre.

Il faut, pour des Amis, des Lettres moins civiles,
280 Et tous ces compliments sont choses inutiles ;
Sans qu'il prît le souci de m'en écrire rien,
Vous pouvez librement disposer de mon bien.

HORACE

Je suis Homme à saisir les gens par leurs paroles,
Et j'ai présentement besoin de cent pistoles[1].

---

pays-là comme les provinces de la France, parce qu'il porte le nom de France, et que nous ne le regardons pas tout à fait comme le reste du nouveau monde » *Remarques nouvelles sur la langue française*, 1675 (d'après N. Fournier, *Grammaire du français classique*, § 211 et 211 bis).

1. « Monnaie d'or étrangère battue en Espagne, et en quelques endroits d'Italie. La *pistole* est maintenant de la valeur d'onze livres, et du poids des louis... » (Furetière). La somme empruntée par Horace équivaut à un peu moins de la recette (exceptionnelle) de la première représentation de *L'École des femmes* (1518 livres), ou encore à un peu plus de la moitié de la dot nécessaire à une fille pour prétendre à un « marchand du Palais », selon l'évaluation établie par *Le Roman bourgeois* de Furetière (1666). C'est donc une somme assez considérable. D'où le scrupule d'Horace qui veut dresser

ARNOLPHE

Ma foi, c'est m'obliger que d'en user ainsi,
Et je me réjouis de les avoir ici.
Gardez aussi la bourse.

HORACE
                                        Il faut...

ARNOLPHE
                                                    Laissons ce style.
Hé bien, comment encor trouvez-vous cette Ville ?

HORACE

Nombreuse en Citoyens, superbe en bâtiments,
290 Et j'en crois merveilleux les divertissements.

ARNOLPHE

Chacun a ses plaisirs, qu'il se fait à sa guise ;
Mais pour ceux que du nom de Galants on baptise,
Ils ont en ce Pays de quoi se contenter,
Car les Femmes y sont faites à coqueter.
On trouve d'humeur douce et la brune, et la blonde,
Et les Maris aussi les plus bénins du monde :
C'est un plaisir de Prince, et des tours que je vois,
Je me donne souvent la Comédie à moi.
Peut-être en avez-vous déjà féru[1] quelqu'une :
300 Vous est-il point encore arrivé de fortune ?
Les gens faits comme vous, font plus que les écus,
Et vous êtes de taille, à faire des Cocus.

HORACE

À ne vous rien cacher de la vérité pure,
J'ai d'amour en ces lieux eu certaine aventure,
Et l'amitié m'oblige à vous en faire part.

---

un reçu (v. 287) mais qu'Arnolphe arrête par un geste de généreuse confiance.

1. « Féru, ue. part. pass. Blessé. Il ne se dit qu'en cette phrase burlesque : Il est bien *féru* de cette femme, pour dire, Il en est bien amoureux : et, Son cœur est *féru*, pour dire, Il est blessé par l'amour » (Furetière).

ARNOLPHE

Bon, voici de nouveau quelque conte gaillard,
Et ce sera de quoi mettre sur mes tablettes.

HORACE

Mais, de grâce, qu'au moins ces choses soient secrètes.

ARNOLPHE

Oh.

HORACE

Vous n'ignorez pas qu'en ces occasions
310 Un secret éventé rompt nos prétentions.
Je vous avouerai donc avec pleine franchise
Qu'ici d'une Beauté mon âme s'est éprise :
Mes petits soins d'abord ont eu tant de succès,
Que je me suis chez elle ouvert un doux accès ;
Et sans trop me vanter, ni lui faire une injure,
Mes affaires y sont en fort bonne posture.

ARNOLPHE, *riant.*

Et c'est ?

HORACE, *lui montrant le logis d'Agnès.*

Un jeune objet qui loge en ce logis,
Dont vous voyez d'ici que les murs sont rougis,
Simple à la vérité, par l'erreur sans seconde
320 D'un Homme qui la cache au commerce du monde,
Mais qui dans l'ignorance où l'on veut l'asservir,
Fait briller des attraits capables de ravir,
Un air tout engageant, je ne sais quoi de tendre,
Dont il n'est point de cœur qui se puisse défendre.
Mais, peut-être, il n'est pas que vous n'ayez bien vu
Ce jeune Astre d'amour de tant d'attraits pourvu :
C'est Agnès qu'on l'appelle.

ARNOLPHE, *à part.*

Ah ! je crève.

HORACE

Souche   Pour l'Homme,
C'est, je crois, de la Zousse, ou Source[1], qu'on le
Je ne me suis pas fort arrêté sur le nom ; [nomme :
330 Riche, à ce qu'on m'a dit, mais des plus sensés, non,
Et l'on m'en a parlé comme d'un Ridicule.
Le connaissez-vous point ?

ARNOLPHE, *à part.*
                      La fâcheuse pilule !

HORACE
Eh ! vous ne dites mot.

ARNOLPHE
                      Eh oui, je le connais.

HORACE
C'est un fou, n'est-ce pas ?

ARNOLPHE
            Eh...

HORACE
                          Qu'en dites-vous ? quoi ?
Eh ? c'est-à-dire oui. Jaloux ? à faire rire.
Sot ? Je vois qu'il en est ce que l'on m'a pu dire.
Enfin l'aimable Agnès a su m'assujettir,
C'est un joli bijou, pour ne vous point mentir,
Et ce serait péché, qu'une Beauté si rare
340 Fût laissée au pouvoir de cet Homme bizarre.
Pour moi, tous mes efforts, tous mes vœux les plus
                                              [doux
Vont à m'en rendre maître, en dépit du jaloux ;

---

1. 1ᵉʳ tirage : « Souche ». La correction est maintenue dans toutes les éditions suivantes, y compris en 1682.

Et l'argent que de vous j'emprunte avec franchise,
N'est que pour mettre à bout cette juste entreprise.
Vous savez mieux que moi, quels que soient nos efforts,
Que l'argent est la clef de tous les grands ressorts,
Et que ce doux métal qui frappe tant de têtes,
En amour, comme en guerre, avance les conquêtes.
Vous me semblez chagrin ; serait-ce qu'en effet
350 Vous désapprouveriez le dessein que j'ai fait ?

ARNOLPHE
Non, c'est que je songeais...

HORACE
                         Cet entretien vous lasse ;
Adieu, j'irai chez vous tantôt vous rendre grâce.

ARNOLPHE
Ah ! faut-il...

HORACE, *revenant.*
                    Derechef[1], veuillez être discret,
Et n'allez pas, de grâce, éventer mon secret.

ARNOLPHE
Que je sens dans mon âme...

HORACE, *revenant.*
                              Et surtout à mon Père,
Qui s'en ferait peut-être un sujet de colère.

ARNOLPHE, *croyant qu'il revient encore.*
Oh... Oh que j'ai souffert durant cet entretien !
Jamais trouble d'esprit ne fut égal au mien.
Avec quelle imprudence, et quelle hâte extrême
360 Il m'est venu conter cette affaire à moi-même !
Bien que mon autre nom le tienne dans l'erreur,

---

1. Pour la seconde fois, de nouveau (en rapport avec le v. 308).

Étourdi montra-t-il jamais tant de fureur[1] ?
Mais ayant tant souffert, je devais me contraindre,
Jusques à m'éclaircir de ce que je dois craindre,
À pousser jusqu'au bout son caquet indiscret,
Et savoir pleinement leur commerce secret[2].
Tâchons à le rejoindre, il n'est pas loin je pense,
Tirons-en de ce fait l'entière confidence ;
Je tremble du malheur qui m'en peut arriver,
370 Et l'on cherche souvent plus qu'on ne veut trouver[3].

---

1. « Fureur. s. f. Emportement violent causé par un dérèglement d'esprit et de la raison » (Furetière). Même si « l'imprudence » d'Horace et sa « hâte » à publier sa bonne fortune peuvent s'expliquer par son ignorance de l'« autre nom » d'Arnolphe, celui-ci demeure stupéfait par la force de l'emportement passionnel (« tant de fureur ») qui mène le jeune homme à livrer si étourdiment son secret (« Étourdi montra-t-il jamais »). Le spectateur aussi, et c'est sans doute pourquoi par ces vers Molière tâche de prévenir la critique en argumentant 1) qu'Horace ne sait pas réellement qui est Arnolphe, 2) que la violence de sa passion naissante l'aura exalté jusqu'à lui faire perdre la tête. 2. Comprendre : alors que j'avais réussi à endurer avec patience (« ayant souffert ») tant de confidences fâcheuses, j'aurais dû (« je devais ») me contraindre à le faire parler (« pousser jusqu'au bout son caquet indiscret ») jusqu'à apprendre s'il a ou non défloré Agnès (« Jusques à m'éclaircir de ce que je dois craindre ») et ainsi tout connaître de leur relation (« leur commerce secret »). On sait que l'imparfait des auxiliaires modaux *devoir* et *pouvoir* suivis d'un infinitif exprime indifféremment la réalisation ou non du procès (au sens moderne de « j'aurais dû »). Voir N. Fournier, *Grammaire du français classique*, § 385.   3. En d'autres termes, on cherche souvent confirmation d'une hypothèse, d'un soupçon, en espérant qu'ils se révéleront finalement infondés.

ACTE II

Scène 1

ARNOLPHE

ARNOLPHE

Il m'est, lorsque j'y pense, avantageux sans doute,
D'avoir perdu mes pas, et pu manquer sa route :
Car enfin, de mon cœur le trouble impérieux,
N'eût pu se renfermer tout entier à ses yeux,
Il eût fait éclater l'ennui[1] qui me dévore,
Et je ne voudrais pas qu'il sût ce qu'il ignore.
Mais je ne suis pas Homme à gober le morceau,
Et laisser un champ libre aux vœux du Damoiseau,
J'en veux rompre le cours, et sans tarder, apprendre
380 Jusqu'où l'intelligence entre eux a pu s'étendre :
J'y prends, pour mon honneur, un notable intérêt[2],
Je la regarde en Femme, aux termes qu'elle en est,
Elle n'a pu faillir, sans me couvrir de honte,
Et tout ce qu'elle a fait, enfin est sur mon compte.

---

1. « Ennui. s. m. Chagrin, fâcherie que donne quelque discours,
ou quelque accident déplaisant, ou trop long. » L'usage moderne n'a
conservé que cette toute dernière acception. Ainsi pour plusieurs
autres termes du vocabulaire psychologique (*gêne, inquiétude, déplaisir*) : leur sens a varié et souvent décru aujourd'hui.   2. Ce vers et
les trois suivants étaient supprimés à la représentation (d'après l'éd.
de 1682).

Éloignement fatal ! Voyage malheureux[1] !

Frappant à la porte.

Scène 2

ALAIN, GEORGETTE, ARNOLPHE

ALAIN

Ah ! Monsieur, cette fois...

ARNOLPHE

Paix. Venez çà tous deux :
Passez là, passez là. Venez là, venez dis-je.

GEORGETTE

Ah ! vous me faites peur, et tout mon sang se fige.

ARNOLPHE

C'est donc ainsi, qu'absent, vous m'avez obéi,
390 Et tous deux, de concert, vous m'avez donc trahi ?

GEORGETTE[2]

Eh ne me mangez pas, Monsieur, je vous conjure.

ALAIN, *à part.*

Quelque Chien enragé l'a mordu, je m'assure.

ARNOLPHE[3]

Ouf. Je ne puis parler, tant je suis prévenu[4],

---

1. Premier exemple de parodie du tour et du ton tragiques dans cette comédie qui en offrira bien d'autres (cf. v. 642, 1604...). Jean Serroy constate avec humour que ce vers consone par anticipation avec un vers de *Phèdre* qui sera, lui, rien moins qu'héroï-comique : « Voyage infortuné ! rivage malheureux ! » (Racine, *Phèdre*, 1678, v. 267). Signe de la qualité à laquelle atteint l'imitation parodique de Molière.
2. *Tombant aux genoux d'Arnolphe* (1734).   3. *À part* (1734).
4. « Prévenu, ue. part. & adj. C'est un homme bien *prévenu*, bien préoccupé » (Furetière).

Je suffoque, et voudrais me pouvoir mettre nu [1].
Vous avez donc souffert [2], ô canaille maudite,
Qu'un Homme soit venu [3]... Tu veux prendre la fuite ?
Il faut que sur le champ [4]... Si tu bouges... Je veux
Que vous me disiez [5]... Euh ? Oui, je veux que tous
                                 [deux [6]...
Quiconque remûra, par la mort, je l'assomme.
400 Comme est-ce que chez moi s'est introduit cet
                                 [Homme ?
Eh ? parlez, dépêchez, vite, promptement, tôt,
Sans rêver, veut-on dire ?

ALAIN ET GEORGETTE
Ah, Ah.

GEORGETTE [7]
                  Le cœur me faut.

ALAIN [8]
Je meurs.

ARNOLPHE
Je suis en eau, prenons un peu d'haleine,

---

1. C'est ici (ou après le v. 404 ?) qu'Arnolphe devait déposer son
manteau et son chapeau, selon le témoignage de Donneau de Visé :
« L'auteur devait, avant cette scène [...] les [*Alain et Georgette*] faire
venir avec chacun un balai pour nettoyer la rue, puisque bien qu'elle
fût peut-être assez nette pour leurs genoux, elle ne devait pas l'être
assez pour le manteau et le chapeau d'Arnolphe, qu'il prend la peine
d'y mettre lui-même, forcé par la chaleur où l'excès de sa colère le
met », *Zélinde*, 1663, sc. 8. Même témoignage de Montfleury, *L'Impromptu de l'Hôtel de Bourgogne*, 1664, v. 149-152. 2. *À Alain et
Georgette* (1734). 3. *À Alain qui veut s'enfuir* (1734). 4. *À Georgette* (1734). 5. *À Alain* (1734). 6. *Alain et Georgette se lèvent et
veulent encore s'enfuir* (1734). 7. *Retombant aux genoux d'Arnolphe*
(1734). 8. *Retombant aux genoux d'Arnolphe* (1734). Cf. Donneau
de Visé : « La scène qu'Arnolphe fait avec Alain et Georgette, lorsqu'il
leur demande comment Horace s'est introduit chez lui, est un jeu de
théâtre qui éblouit, puisqu'il n'est pas vraisemblable que deux mêmes
personnes tombent par symétrie, jusques à six ou sept fois à genoux,
aux deux côtés de leur maître », *Zélinde*, 1663, sc. 3.

Il faut que je m'évente, et que je me promène.
Aurais-je deviné, quand je l'ai vu petit,
Qu'il croîtrait pour cela ? Ciel ! que mon cœur pâtit !
Je pense qu'il vaut mieux que de sa[1] propre bouche
Je tire avec douceur l'affaire qui me touche :
Tâchons à modérer notre ressentiment.
410 Patience, mon cœur, doucement, doucement.[2]
Levez-vous, et rentrant, faites qu'Agnès descende.
Arrêtez. Sa surprise en deviendrait moins grande,
Du chagrin qui me trouble, ils iraient l'avertir ;
Et moi-même je veux l'aller faire sortir.
Que l'on m'attende ici.

Scène 3

ALAIN, GEORGETTE

GEORGETTE

                    Mon Dieu, qu'il est terrible !
Ses regards m'ont fait peur, mais une peur horrible,
Et jamais je ne vis un plus hideux Chrétien.

ALAIN

Ce Monsieur l'a fâché, je te le disais bien.

GEORGETTE

Mais que diantre est-ce là, qu'avec tant de rudesse
420 Il nous fait au logis garder notre Maîtresse ?
D'où vient qu'à tout le monde il veut tant la cacher,
Et qu'il ne saurait voir personne en approcher ?

ALAIN

C'est que cette action le met en jalousie.

---

1. Celle d'Agnès.   2. Virgule dans l'original.

GEORGETTE

Mais d'où vient qu'il est pris de cette fantaisie[1] ?

ALAIN

Cela vient... Cela vient, de ce qu'il est jaloux.

GEORGETTE

Oui : mais pourquoi l'est-il ? et pourquoi ce courroux ?

ALAIN

C'est que la jalousie... Entends-tu bien, Georgette,
Est une chòse... là... qui fait qu'on s'inquiète...
Et qui chasse les gens d'autour d'une maison.
430 Je m'en vais te bailler[2] une comparaison,
Afin de concevoir la chose davantage.
Dis-moi, n'est-il pas vrai, quand tu tiens ton potage,
Que si quelque affamé venait pour en manger,
Tu serais en colère, et voudrais le charger ?

GEORGETTE

Oui, je comprends cela.

ALAIN

C'est justement tout comme.
La Femme est en effet le potage de l'Homme[3] ;
Et quand un Homme voit d'autres Hommes parfois,
Qui veulent dans sa soupe aller tremper leurs doigts,
Il en montre aussitôt une colère extrême.

GEORGETTE

440 Oui : mais pourquoi chacun n'en fait-il pas de même ?
Et que nous en voyons qui paraissent joyeux,

---

1. « Fantaisie, est aussi quelquefois ce qui est opposé à la raison, et signifie Caprice, bizarrerie » (Furetière). 2. « Bailler. v. act. Donner, mettre en main. [...] En ce sens, il est moins en usage que *Donner* » (Furetière). Bref, c'est un archaïsme. 3. Pantagruel assuré par oracle de la fidélité de sa future femme se persuade que Jupiter même « ja ne saucera son pain en ma soupe, quand ensemble serions à table ». Rabelais, *Le Tiers Livre*, ch. XII.

Lorsque leurs Femmes sont avec les biaux Monsieux[1] ?

ALAIN

C'est que chacun n'a pas cette amitié goulue,
Qui n'en veut que pour soi.

GEORGETTE

               Si je n'ai la berlue,
Je le vois qui revient.

ALAIN

          Tes yeux sont bons, c'est lui.

GEORGETTE

Vois comme il est chagrin.

ALAIN

            C'est qu'il a de l'ennui[2].

Scène 4

ARNOLPHE, AGNÈS, ALAIN, GEORGETTE

ARNOLPHE

Un certain Grec[3], disait à l'Empereur Auguste,
Comme une instruction utile, autant que juste,
Que lorsqu'une aventure en colère nous met,
450 Nous devons avant tout dire notre Alphabet.
Afin que dans ce temps la bile se tempère,
Et qu'on ne fasse rien que l'on ne doive faire.
J'ai suivi sa leçon sur le sujet d'Agnès ;

---

1. Cf. v. 1251-1259. 2. Voir la note du v. 375. 3. Le philosophe stoïcien Athenodoros, d'après Plutarque, « Apophtegmes de César Auguste », VII dans les *Apophtegmes des rois et des généraux*, XX. L'anecdote avait été reprise par Bernardino Pino dans sa comédie *Gl'Ingiusti sdegni.*

Et je la fais venir dans ce lieu tout exprès,
Sous prétexte d'y faire un tour de promenade,
Afin que les soupçons de mon esprit malade
Puissent sur le discours la mettre adroitement :
Et lui sondant le cœur s'éclaircir doucement.
Venez, Agnès [1]. Rentrez.

Scène 5

ARNOLPHE, AGNÈS

ARNOLPHE
La promenade est belle.

AGNÈS

460 Fort belle.

ARNOLPHE
Le beau jour !

AGNÈS
Fort beau !

ARNOLPHE
Quelle nouvelle ?

AGNÈS
Le petit chat est mort.

ARNOLPHE
C'est dommage : mais quoi ?
Nous sommes tous mortels, et chacun est pour soi [2].
Lorsque j'étais aux champs n'a-t-il point fait de pluie ?

---

1. *À Alain et Georgette* (1682).   **2.** Variante de la formule traditionnelle : « Chacun pour soi, et Dieu pour tous » (attestée par Furetière). Pas de ponctuation à la fin du vers 461 dans l'original.

AGNÈS

Non.

ARNOLPHE

Vous ennuyait-il ?

AGNÈS

Jamais je ne m'ennuie.

ARNOLPHE

Qu'avez-vous fait encor ces neuf ou dix jours-ci ?

AGNÈS

Six chemises, je pense, et six coiffes aussi.

ARNOLPHE, *ayant un peu rêvé.*
Le monde, chère Agnès, est une étrange chose.
Voyez la médisance, et comme chacun cause.
Quelques voisins m'ont dit : qu'un jeune homme
470 Était en mon absence à la maison venu ; [inconnu,
Que vous aviez souffert sa vue et ses harangues.
Mais je n'ai point pris foi sur ces méchantes langues ;
Et j'ai voulu gager que c'était faussement...

AGNÈS

Mon Dieu, ne gagez pas, vous perdriez vraiment[1].

ARNOLPHE

Quoi ! c'est la vérité qu'un homme...

AGNÈS

Chose sûre.
Il n'a presque bougé de chez nous, je vous jure.

---

1. C'est la quatrième fois dans la pièce que la naïveté prend pour expression cette figure rhétorique de substitution du sens propre au figuré qu'on nomme syllepse : à propos du corbillon (v. 99), de la conception auriculaire (v. 164), sur le sens du verbe « faire » (v. 466) et ici du verbe « gager ».

ARNOLPHE, *à part.*

Cet aveu qu'elle fait avec sincérité,
Me marque pour le moins son ingénuité.
Mais il me semble, Agnès, si ma mémoire est bonne,
480 Que j'avais défendu que vous vissiez personne.

AGNÈS

Oui ; mais, quand je l'ai vu, vous ignorez pourquoi,
Et vous en auriez fait, sans doute, autant que moi.

ARNOLPHE

Peut-être : mais enfin, contez-moi cette Histoire.

AGNÈS

Elle est fort étonnante et difficile à croire.
J'étais sur le Balcon à travailler au frais :
Lorsque je vis passer sous les arbres d'auprès
Un jeune homme bien fait, qui rencontrant ma vue,
D'une humble révérence aussitôt me salue.
Moi, pour ne point manquer à la civilité,
490 Je fis la révérence aussi de mon côté.
Soudain, il me refait une autre révérence.
Moi, j'en refais de même une autre en diligence ;
Et lui d'une troisième aussitôt repartant,
D'une troisième aussi j'y repars à l'instant.
Il passe, vient, repasse, et toujours de plus belle
Me fait à chaque fois révérence nouvelle.
Et moi, qui tous ces tours fixement regardais,
Nouvelle révérence aussi je lui rendais.
Tant, que si sur ce point la nuit ne fût venue,
500 Toujours comme cela je me serais tenue,
Ne voulant point céder ni recevoir l'ennui,
Qu'il me pût estimer moins civile que lui[1].

---

1. Syllepse de conduite, si l'on peut dire (voir la note précédente), que ces révérences auxquelles Horace, rompu aux arts de galanterie (cf. v. 970), attribue un tout autre sens que la naïve Agnès. Rappelons qu'au v. 501 « et » figurait à la place de « ni » dans le premier tirage. Et que le vers 500 se terminait par un point.

ARNOLPHE

Fort bien.

AGNÈS

Le lendemain étant sur notre porte,
Une vieille m'aborde en parlant de la sorte.
Mon enfant, le bon Dieu puisse-t-il vous bénir,
Et dans tous vos attraits longtemps vous maintenir.
Il ne vous a pas faite une belle personne, [1]
Afin de mal user des choses qu'il vous donne.
Et vous devez savoir que vous avez blessé
510 Un cœur, qui de s'en plaindre est aujourd'hui forcé.

ARNOLPHE, *à part.*

Ah suppôt de Satan, exécrable damnée.

AGNÈS

Moi, j'ai blessé quelqu'un ? fis-je toute étonnée. [2]
Oui, dit-elle, blessé, mais blessé tout de bon ;
Et c'est l'homme qu'hier vous vîtes du Balcon.
Hélas ! qui [3] pourrait, dis-je, en avoir été cause ?
Sur lui sans y penser, fis-je choir quelque chose [4] ?
Non, dit-elle, vos yeux ont fait ce coup fatal,
Et c'est de leurs regards qu'est venu tout son mal.
Hé, mon Dieu ! ma surprise est, fis-je, sans seconde.
520 Mes yeux ont-ils du mal pour en donner au monde ?
Oui, fit-elle, vos yeux, pour causer le trépas
Ma fille, ont un venin que vous ne savez pas.
En un mot, il languit le pauvre misérable.
Et s'il faut, poursuivit la vieille charitable,
Que votre cruauté lui refuse un secours,
C'est un homme à porter en terre dans deux jours [5].

---

1. Point-virgule dans l'original.   2. Nous corrigeons la ponctuation
originale (virgule après « étonnée »).   3. Au XVIIᵉ siècle, « qui » interroge
indistinctement sur l'humain (*qui est-ce qui ?*) et, comme ici, sur le non
humain (*qu'est-ce qui ?*). Voir N. Fournier, *Grammaire du français classique*,
§ 298.   4. La méprise naïve d'Agnès annonce le « grès » d'Arnolphe
(v. 635).   5. Le jeu d'ambiguïté verbale (voir la note du v. 474), pro-
longé autour de l'adjectif « blessé » (v. 512-516), éclôt ici en un savoureux
et savant démarquage de l'antique doctrine médicale et philosophique de la

Mon Dieu ! j'en aurais, dis-je, une douleur bien
[grande.
Mais pour le secourir, qu'est-ce qu'il me demande ?
Mon enfant, me dit-elle, il ne veut obtenir,
530 Que le bien de vous voir et vous entretenir,
Vos yeux peuvent eux seuls empêcher sa ruine,
Et du mal qu'ils ont fait être la médecine[1].
Hélas ! volontiers, dis-je, et puisqu'il est ainsi,
Il peut tant qu'il voudra me venir voir ici.

ARNOLPHE, *à part.*
Ah sorcière maudite, empoisonneuse d'âmes,
Puisse l'Enfer payer tes charitables trames.

AGNÈS
Voilà comme il me vit et reçut guérison.
Vous-même, à votre avis, n'ai-je pas eu raison ?
Et pouvais-je après tout avoir la conscience

---

maladie d'amour contractée par « contagion oculaire ». Selon cette théorie formulée par Platon dans *Phèdre* et reprise par Marsile Ficin dans son *Commentaire du Banquet de Platon* (1469, discours VII, ch. v), les yeux d'un être jeune au sang chaud et léger émettent des esprits (*ie des particules*) ténus et vaporeux vers celui qui, fasciné par leur beauté, les contemple intensément et longuement. Ces particules pénètrent par les yeux du contemplateur fasciné, fenêtres de l'âme, jusqu'à son cœur dont la texture plus solide les fait éclater et les diffuse sous forme de sang dans ce sang étranger. Dès lors, l'hôte habité par un sang qui n'est pas le sien n'a de cesse de le restituer par le coït à sa demeure première. Cette doctrine fusionne avec celle, scolastique, de l'embrasement du sang par l'ardeur du désir amoureux, pour justifier que la frustration puisse conduire l'amoureux éconduit à la mort par consomption mélancolique. Voir notre ouvrage *Sganarelle et la médecine* (Klincksieck, 1998, IIᵉ partie, ch. II, div. 2, subdiv. 3).

1. Application plaisamment littérale de la doctrine médico-morale de l'amour médecin de lui-même, versifiée par Ovide dans ses *Remedia amoris* et source d'une infinité d'applications littéraires et scientifiques depuis l'Antiquité jusqu'aux traités de R. Burton ou J. Ferrand dans la première moitié du XVIIᵉ siècle. Molière en reprendra la démarque humoristique dans son *Amour médecin*, trois ans après *L'École des femmes*. L'effet sylleptique jusqu'à présent réservé à l'expression de la naïveté d'Agnès sert ici de révélateur à l'ambiguïté autrement considérable qui caractérise l'imaginaire intellectuel et scientifique du XVIIᵉ siècle, tiraillé entre la suspicion envers les anciens savoirs et l'usage métaphorique de leurs modèles au service d'une psychologie et d'une anthropologie morale encore balbutiantes.

540 De le laisser mourir faute d'une assistance ?
Moi qui compatis tant aux gens qu'on fait souffrir,
Et ne puis sans pleurer voir un poulet mourir.

ARNOLPHE, *bas.*

Tout cela n'est parti que d'une âme innocente :
Et j'en dois accuser mon absence imprudente,
Qui sans guide a laissé cette bonté de mœurs
Exposée aux aguets des rusés séducteurs.
Je crains que le pendard, dans ses vœux téméraires,
Un peu plus fort que jeu n'ait poussé les affaires.

AGNÈS

Qu'avez-vous ? vous grondez, ce me semble, un petit[1].
550 Est-ce que c'est mal fait ce que je vous ai dit ?

ARNOLPHE

Non. Mais de cette vue apprenez-moi les suites,
Et comme le jeune homme a passé ses visites.

AGNÈS

Hélas ! si vous saviez, comme il était ravi ;[2]
Comme il perdit son mal, sitôt que je le vis ;
Le présent qu'il m'a fait d'une belle cassette,
Et l'argent qu'en ont eu notre Alain et Georgette[3],
Vous l'aimeriez sans doute, et diriez comme nous...

ARNOLPHE

Oui, mais que faisait-il étant seul avec vous ?

AGNÈS

Il jurait, qu'il m'aimait d'une amour sans seconde :

---

1. « Un petit. ad. Un peu » (Furetière).   2. Point dans l'original.
3. Ellipse fréquente, au XVIIᵉ siècle, du second déterminant dans un
groupe de deux noms coordonnés : « Faisons l'homme à notre image
et ressemblance » (Bossuet). Molière élargit couramment aux noms de
genre ou de nombre différents cette tolérance mieux admise en cas de
similitude générique et numérique entre les deux termes. Voir
N. Fournier, *Grammaire du français classique*, § 204.

560 Et me disait des mots les plus gentils du monde :
Des choses que jamais rien ne peut égaler [1]
Et dont, toutes les fois que je l'entends parler,
La douceur me chatouille, et là-dedans remue
Certain je ne sais quoi, dont je suis toute émue.

ARNOLPHE, *à part.*
Ô fâcheux examen d'un mystère fatal,
Où l'examinateur souffre seul tout le mal !

À Agnès.

Outre tous ces discours, toutes ces gentillesses,
Ne vous faisait-il point aussi quelques caresses ?

AGNÈS
Oh tant ; il me prenait et les mains et les bras,
570 Et de me les baiser il n'était jamais las.

ARNOLPHE
Ne vous a-t-il point pris, Agnès, quelque autre chose ?

La voyant interdite.

Ouf [2].

AGNÈS
Hé, il m'a...

ARNOLPHE
Quoi ?

AGNÈS
Pris...

ARNOLPHE
Euh !

---

1. Point dans l'original. **2.** « Ouf. Particule indéclinable qui se dit absolument quand on souffre quelque douleur. *Ouf* vous me faites mal » (Furetière). Le vers 571 se termine sans ponctuation dans l'original.

AGNÈS

Le...

ARNOLPHE

Plaît-il ?

AGNÈS

Je n'ose,

Et vous vous fâcherez peut-être contre moi.

ARNOLPHE

Non.

AGNÈS

Si fait.

ARNOLPHE

Mon dieu ! non.

AGNÈS

Jurez donc votre foi.

ARNOLPHE

Ma foi, soit.

AGNÈS

Il m'a pris... vous serez en colère.

ARNOLPHE

Non.

AGNÈS

Si.

ARNOLPHE

Non, non, non, non ! Diantre ! que de mystère !

Qu'est-ce qu'il vous a pris ?

AGNÈS

Il...

ARNOLPHE, *à part.*

Je souffre en damné.

AGNÈS

Il m'a pris le ruban que vous m'aviez donné[1].
À vous dire le vrai, je n'ai pu m'en défendre.

ARNOLPHE, *reprenant haleine.*

580 Passe pour le ruban. Mais je voulais apprendre,
S'il ne vous a rien fait que vous baiser les bras.

AGNÈS

Comment. Est-ce qu'on fait d'autres choses ?

ARNOLPHE

Non pas.
Mais pour guérir du mal qu'il dit qui le possède,
N'a-t-il point exigé de vous d'autre remède ?

AGNÈS

Non. Vous pouvez juger s'il en eût demandé,
Que pour le secourir j'aurais tout accordé.

---

1. Cette équivoque scabreuse fit emblème, durant la querelle et au-delà, de la « scurrilité » (Chapelain, *Mémoires sur quelques gens de lettres vivant en 1662*), c'est-à-dire la tendance à la bassesse et à l'obscénité, qui est reprochée à Molière par tous les pamphlétaires ameutés contre *L'École des femmes*, mais aussi par les dévots détracteurs du genre comique (Conti, *Traité de la comédie*, 1666, Avertissement ; Bossuet, *Maximes et réflexions sur la comédie*, 1694, ch. III). Lui-même attisa le feu en retournant par provocation l'accusation d'obscénité sur ceux qui la dénonçaient : « ... si vous voulez entendre dessous quelque autre chose, c'est vous qui faites l'ordure, et non pas elle [*Agnès*], puisqu'elle parle seulement d'un ruban qu'on lui a pris », *La Critique de l'École des femmes*, 1663, sc. 3. Pour Donneau de Visé, « sans ce *le*, cet imperti-nent *le*, qu'il a pris dans une vieille chanson, l'on n'aurait jamais parlé de cette comédie », *Zélinde*, sc. 8. À noter que cette « vieille chanson » n'a jamais pu être identifiée.

ARNOLPHE

Grâce aux bontés du Ciel, j'en suis quitte à bon compte.
Si j'y retombe plus je veux bien qu'on m'affronte[1].
Chut. De votre innocence, Agnès, c'est un effet,
590 Je ne vous en dis mot, ce qui s'est fait est fait.
Je sais qu'en vous flattant le Galant ne désire
Que de vous abuser, et puis après s'en rire[2].

AGNÈS

Oh ! point. Il me l'a dit plus de vingt fois à moi.

ARNOLPHE

Ah ! vous ne savez pas ce que c'est que sa foi.
Mais enfin : apprenez qu'accepter des cassettes,
Et de ces beaux blondins écouter les sornettes :
Que se laisser par eux à force de langueur
Baiser ainsi les mains, et chatouiller le cœur :
Est un péché mortel des plus gros qu'il se fasse.

AGNÈS

600 Un péché, dites-vous, et la raison de grâce ?

ARNOLPHE

La raison ? La raison, est l'arrêt prononcé,
Que par ces actions le Ciel est courroucé.

AGNÈS

Courroucé. Mais pourquoi faut-il qu'il s'en courrouce ?
C'est une chose, hélas ! si plaisante et si douce.
J'admire quelle joie on goûte à tout cela.
Et je ne savais point encor ces choses-là.

---

1. « *Affronter*. v. act. Tromper quelqu'un, soit en lui faisant
quelques emprunts qu'on n'a pas dessein d'acquitter, soit en lui ven-
dant de méchante marchandise. [...] Ce changeur m'a *affronté*, il m'a
donné de la monnaie qui était fausse » (Furetière). Comprendre : si je
me laisse prendre de nouveau à commettre pareille imprudence, je
mérite d'être grugé par le premier escroc venu. Cf. le v. 413 du *Cocu
imaginaire*.   2. À rapprocher des v. 1412-1415.

ARNOLPHE

Oui. C'est un grand plaisir que toutes ces tendresses,
Ces propos si gentils, et ces douces caresses :
Mais il faut le goûter en toute honnêteté,
610 Et qu'en se mariant le crime en soit ôté.

qui pro quo !

AGNÈS

N'est-ce plus un péché lorsque l'on se marie ?

ARNOLPHE

Non.

AGNÈS

Mariez-moi donc promptement, je vous prie.

ARNOLPHE

Si vous le souhaitez, je le souhaite aussi,
Et pour vous marier on me revoit ici.

AGNÈS

Est-il possible ?

ARNOLPHE

Oui.

AGNÈS

Que vous me ferez aise !

ARNOLPHE

Oui, je ne doute point que l'hymen ne vous plaise.

AGNÈS

Vous nous voulez nous deux...

ARNOLPHE

Rien de plus assuré.

AGNÈS

Que si cela se fait, je vous caresserai !

ARNOLPHE

Hé, la chose sera de ma part réciproque.

AGNÈS

620 Je ne reconnais point pour moi, quand on se moque.
Parlez-vous tout de bon ?

ARNOLPHE

Oui, vous le pourrez voir.

AGNÈS

Nous serons mariés ?

ARNOLPHE

Oui.

AGNÈS

Mais quand ?

ARNOLPHE

Dès ce soir.

AGNÈS, *riant.*

Dès ce soir ?

ARNOLPHE

Dès ce soir. Cela vous fait donc rire [1] ?

AGNÈS

Oui.

ARNOLPHE

Vous voir bien contente, est ce que je désire.

---

1. Rire se définit au XVIIe siècle comme « donner des témoignages d'une joie intérieure par des signes extérieurs » (Furetière). Le rire exprime donc la joie, l'allégresse, le contentement, avant la gaieté et la moquerie aux-quelles tend à le réduire sa définition moderne, influencée par la part prépondérante qu'a prise la dérision parmi les causes de l'hilarité. À noter que la question d'Agnès se termine par un simple point dans l'original.

AGNÈS

Hélas[1] ! que je vous ai grande obligation !
Et qu'avec lui j'aurai de satisfaction !

ARNOLPHE

Avec qui ?

AGNÈS

      Avec... là.

ARNOLPHE

          Là... là n'est pas mon compte.
À choisir un mari, vous êtes un peu prompte.
C'est un autre en un mot que je vous tiens tout prêt,
630 Et quant au Monsieur, là.[2] Je prétends, s'il vous plaît,
Dût le mettre au tombeau le mal dont il vous berce,
Qu'avec lui désormais vous rompiez tout commerce ;
Que venant au logis pour votre compliment
Vous lui fermiez au nez la porte honnêtement,
Et lui jetant, s'il heurte, un grès[3] par la fenêtre,
L'obligiez tout de bon à ne plus y paraître.
M'entendez-vous, Agnès ? moi, caché dans un coin,
De votre procédé je serai le témoin.

AGNÈS

Las ! il est si bien fait. C'est...

---

1. Molière neutralise souvent l'acception afflictive de l'interjection pour lui prêter une couleur de soumission et de bénignité tempérant de douceur l'expression de la satisfaction. Ainsi aux v. 533, 553, 1532. Cf. *Tartuffe*, III, 2, v. 875.   **2.** La ponctuation de l'édition originale, reprise par celle de 1682, a fait comprendre longtemps : « Et quant au Monsieur, cela suffit. » On admet plus volontiers aujourd'hui que le point n'a valeur que suspensive (ou erronée), et que les vers 629-636 forment une seule phrase. C'est la leçon du second tirage de 1663 qui change le point en virgule. On entendra donc : soit « quant au monsieur, là (*geste ou regard parodiant celui d'Agnès*), je prétends etc. » ; soit « quant au monsieur Là (*patronyme par dérision*), je prétends etc. ». Le sens et la ponctuation du v. 667 confirment par écho cette hypothèse. **3.** Désigne par métonymie le pavé taillé dans ce matériau et plus généralement toute pierre un peu lourde. Cf. v. 914.

ARNOLPHE

Ah que de langage !

AGNÈS

640 Je n'aurai pas le cœur...

ARNOLPHE

Point de bruit davantage.

Montez là-haut.

AGNÈS

Mais quoi, voulez-vous...

ARNOLPHE

C'est assez.

Je suis Maître, je parle, allez, obéissez [1].

---

1. Remploi parodique du v. 1868 de *Sertorius*, tragédie de P. Corneille tout récemment créée (février 1662).

ACTE III

Scène 1

ARNOLPHE, AGNÈS, ALAIN, GEORGETTE

ARNOLPHE

Oui : tout a bien été, ma joie est sans pareille.
Vous avez là suivi mes ordres à merveille :
Confondu de tout point le blondin séducteur ;
Et voilà de quoi sert un sage directeur[1].
Votre innocence, Agnès, avait été surprise.
Voyez, sans y penser, où vous vous étiez mise.
Vous enfiliez tout droit, sans mon instruction[2],
650 Le grand chemin d'Enfer et de perdition.
De tous ces Damoiseaux on sait trop les coutumes.
Ils ont de beaux canons[3], force rubans, et plumes,
Grands cheveux, belles dents, et des propos fort doux :
Mais comme je vous dis la griffe est là-dessous ;
Et ce sont vrais Satans, dont la gueule altérée

---

1. Au sens de directeur de conscience. L'ombre de Tartuffe, qui dirigera la conscience d'Orgon tout à son profit, comme prétend le faire ici Arnolphe pour Agnès, se profile déjà dans cette tirade. 2. Ce vers et les sept suivants étaient omis à la représentation (d'après l'éd. de 1682). 3. « Canon, est aussi un ornement de toile rond fort large, et souvent orné de dentelle qu'on attache au-dessous du genou, qui pend jusqu'à la moitié de la jambe pour la couvrir : ce qui était il y a quelque temps fort à la mode, introduite par les cagneux. C'est dont Molière se raille : De ces larges canons, où comme en des entraves, / On met tous les matins ses deux jambes esclaves » (Furetière, citant *L'École des maris*, I, 1, v. 35-36).

De l'honneur féminin cherche à faire curée[1].
Mais encore une fois, grâce au soin apporté,
Vous en êtes sortie avec honnêteté.
L'air dont je vous ai vu lui jeter cette pierre,
660 Qui de tous ses desseins a mis l'espoir par terre,
Me confirme encor mieux à ne point différer
Les Noces, où je dis qu'il vous faut préparer.
Mais avant toute chose il est bon de vous faire
Quelque petit discours, qui vous soit salutaire.
Un siège au frais ici. Vous, si jamais en rien...

GEORGETTE

De toutes vos leçons nous nous souviendrons bien.
Cet autre Monsieur là[2] nous en faisait accroire ;
Mais...

ALAIN

     S'il entre jamais, je veux jamais ne boire.
Aussi bien est-ce un sot, il nous a l'autre fois
670 Donné deux écus d'or qui n'étaient pas de poids.

ARNOLPHE

Ayez donc pour souper tout ce que je désire.
Et pour notre contrat, comme je viens de dire,
Faites venir ici l'un ou l'autre au retour,
Le Notaire qui loge au coin de ce carfour[3].

Scène 2

ARNOLPHE, AGNÈS

ARNOLPHE, *assis*.
Agnès, pour m'écouter, laissez là votre ouvrage.

---

   1. Ces vers anticipent, eux, sur *Dom Juan* (I, 1 et II, 1), tout en faisant
écho aux diatribes de Sganarelle dans *L'École des maris* (I, 1).
2. Voir la note du v. 630.   **3.** Carrefour. Orthographe ancienne
mais encore attestée dans la seconde moitié du XVIIᵉ siècle (Richelet,
Furetière).

L'ESCOLE DES FEMMES

Frontispice de *L'École des femmes*,
édition collective de 1682, tome III.

Levez un peu la tête, et tournez le visage.
Là, regardez-moi là[1], durant cet entretien :
Et jusqu'au moindre mot imprimez-le vous bien.
Je vous épouse, Agnès, et cent fois la journée
680 Vous devez bénir l'heur de votre destinée :
Contempler la bassesse où vous avez été,
Et dans le même temps admirer ma bonté,
Qui de ce vil état de pauvre Villageoise,
Vous fait monter au rang d'honorable Bourgeoise :
Et jouir de la couche et des embrassements,
D'un homme qui fuyait tous ces engagements ;
Et dont à vingt partis fort capables de plaire[2],
Le cœur a refusé l'honneur qu'il vous veut faire.
Vous devez toujours, dis-je, avoir devant les yeux
690 Le peu que vous étiez sans ce nœud glorieux ;
Afin que cet objet d'autant mieux vous instruise,
À mériter l'état où je vous aurai mise ;
À toujours vous connaître, et faire qu'à jamais
Je puisse me louer de l'acte que je fais.
Le mariage, Agnès, n'est pas un badinage.
À d'austères devoirs le rang de femme engage :
Et vous n'y montez pas, à ce que je prétends,
Pour être libertine[3] et prendre du bon temps.
Votre sexe n'est là que pour la dépendance.
700 Du côté de la barbe est la toute-puissance.
Bien qu'on soit deux moitiés de la société,
Ces deux moitiés pourtant n'ont point d'égalité :
L'une est moitié suprême, et l'autre subalterne :
L'une en tout est soumise à l'autre qui gouverne.
Et ce que le soldat dans son devoir instruit,
Montre d'obéissance au Chef qui le conduit,
Le Valet à son Maître, un Enfant à son Père,
À son Supérieur le moindre petit Frère,

---

1. *Mettant le doigt sur son front* (1734).   **2.** Ce vers et les sept suivants étaient supprimés à la représentation (d'après l'éd. de 1682).   **3.** « Libertin, ine. adj. & sub. Qui ne veut pas s'assujettir aux lois, aux règles de bien vivre, à la discipline d'un Monastère. [...] Une fille est *libertine*, quand elle ne veut pas obéir à sa mère, une femme à son mari » (Furetière).

N'approche point encor de la docilité,
710 Et de l'obéissance, et de l'humilité,
     Et du profond respect, où la femme doit être
     Pour son mari, son Chef, son Seigneur et son Maître.
     Lorsqu'il jette sur elle un regard sérieux,
     Son devoir aussitôt est de baisser les yeux ;
     Et de n'oser jamais le regarder en face
     Que quand d'un doux regard il lui veut faire grâce[1].
     C'est ce qu'entendent mal les femmes d'aujourd'hui :
     Mais ne vous gâtez pas sur l'exemple d'autrui.
     Gardez-vous d'imiter ces coquettes vilaines,
720 Dont par toute la Ville on chante les fredaines :
     Et de vous laisser prendre aux assauts du malin,
     C'est-à-dire, d'ouïr aucun jeune blondin.
     Songez qu'en vous faisant moitié de ma personne,[2]
     C'est mon honneur, Agnès, que je vous abandonne :
     Que cet honneur est tendre, et se blesse de peu ;
     Que sur un tel sujet il ne faut point de jeu :
     Et qu'il est aux Enfers des chaudières bouillantes,
     Où l'on plonge à jamais les femmes mal vivantes.
     Ce que je vous dis là ne sont pas des chansons :
730 Et vous devez du cœur dévorer ces leçons.
     Si votre âme les suit, et fuit d'être coquette,
     Elle sera toujours comme un lis blanche et nette ;
     Mais s'il faut qu'à l'honneur elle fasse un faux bond,
     Elle deviendra lors noire comme un charbon ;
     Vous paraîtrez à tous un objet effroyable,
     Et vous irez un jour, vrai partage du diable,
     Bouillir dans les Enfers à toute éternité :

---

1. Ces vers sont parodiques, mais non pas caricaturaux, hélas. Ils démarquent la doctrine de l'Église, qui procède de la synthèse scolastique entre les traditions hébraïque et grecque (aristotélicienne en particulier). «Vous, ô femmes, aimez tendrement, cordialement, mais d'un amour respectueux et plein de révérence, les maris que Dieu vous a donnés ; car vraiment Dieu pour cela les a créés d'un sexe plus vigoureux et prédominant, et a voulu que la femme fût une dépendance de l'homme», François de Sales, *Introduction à la vie dévote*, 1608, III, ch. XXXVIII.   2. Point-virgule dans l'original.

Dont vous veuille garder la Céleste bonté[1].
Faites la révérence. Ainsi qu'une Novice
740   Par cœur dans le Couvent doit savoir son office[2],
Entrant au mariage, il en faut faire autant :
Et voici dans ma poche un écrit important

Il se lève[3].

Qui vous enseignera l'office de la femme.
J'en ignore l'Auteur : mais c'est quelque bonne âme.
Et je veux que ce soit votre unique entretien.
Tenez : voyons un peu si vous le lirez bien.

Agnès *lit.*

LES MAXIMES DU MARIAGE
OU
LES DEVOIRS DE LA FEMME MARIÉE,
Avec son Exercice journalier[4].

I. MAXIME.

Celle qu'un lien honnête
Fait entrer au lit d'autrui[5]
Doit se mettre dans la tête,
750   *Malgré le train d'aujourd'hui,*
Que l'homme qui la prend, ne la prend que pour lui.

Arnolphe

Je vous expliquerai ce que cela veut dire.
Mais pour l'heure présente il ne faut rien que lire.

---

1. Cette imagerie colorée est empruntée à la rhétorique naïve des ser-
monnaires de village et des frères des petites écoles. Elle convient à Agnès,
enfant supposée d'une « bonne paysanne » et ancienne pensionnaire d'un
« petit couvent » de campagne.   2. Les prières rituelles qui scandent la
vie monastique.   3. Didascalie renvoyée entre les v. 745 et 746 à partir
de l'édition de 1665.   4. À la représentation n'étaient lues que les
maximes 1, 5, 6 et 9 (d'après l'éd. de 1682). Des rapprochements significa-
tifs ont pu être opérés par G. Lanson entre ces *Maximes* et une traduction
récente des *Préceptes de mariage de saint Grégoire de Naziance*, par Desmarets
de Saint-Sorlin (*Autres œuvres poétiques*, 1640). D'autres ont été proposés
par R. Duchêne avec les traités du bien-vivre de François de Grenaille.
C'est dire que Molière se réfère à une inépuisable tradition de niaiseries
morales.   5. Ponctuation originale : « *autrui :* ».

AGNÈS *poursuit.*

II. MAXIME.

Elle ne se doit parer
Qu'autant que peut désirer
Le mari qui la possède.
C'est lui que touche seul le soin de sa beauté ;
Et pour rien doit être compté[1]
Que les autres la trouvent laide.

III. MAXIME

760   *Loin, ces études d'œillades,*
Ces eaux, ces blancs, ces pommades,
Et mille ingrédients qui font des teints fleuris.
À l'honneur tous les jours ce sont drogues mortelles.
Et les soins de paraître belles
Se prennent peu pour les maris[2].

IV. MAXIME

Sous sa coiffe en sortant, comme l'honneur l'ordonne,
Il faut que de ses yeux elle étouffe les coups.
Car pour bien plaire à son Époux,
Elle ne doit plaire à personne.

V. MAXIME

770 *Hors ceux, dont au mari la visite se rend,*
La bonne règle défend
De recevoir aucune âme.
Ceux qui de galante humeur,
N'ont affaire qu'à Madame,
N'accommodent pas Monsieur.

VI. MAXIME

Il faut des présents des hommes
Qu'elle se défende bien.
Car dans le siècle où nous sommes,
On ne donne rien pour rien.

---

1. Deux points dans l'original.   2. La parure féminine est un cheval de bataille favori pour tous les rigorismes et tous les intégrismes. Molière y revient dans *Tartuffe*, I, 1, v. 29-32.

VII. MAXIME

780 *Dans ses meubles, dût-elle en avoir de l'ennui,*
Il ne faut écritoire, encre, papier, ni plumes.
Le mari doit, dans les bonnes coutumes,
Écrire tout ce qui s'écrit chez lui.

VIII. MAXIME

Ces sociétés déréglées,
Qu'on nomme belles assemblées,
Des femmes, tous les jours corrompent les esprits.
En bonne Politique on les doit interdire ;
Car c'est là, que l'on conspire
Contre les pauvres maris.

IX. MAXIME

790 *Toute femme qui veut à l'honneur se vouer,*
Doit se défendre de jouer,
Comme d'une chose funeste.
Car le jeu fort décevant
Pousse une femme souvent
À jouer de tout son reste.

X. MAXIME

Des promenades du temps,
Ou repas qu'on donne aux champs
Il ne faut pas qu'elle essaye.
Selon les prudents cerveaux,
800 *Le mari dans ces cadeaux* [1]
Est toujours celui qui paye.

XI. MAXIME

ARNOLPHE

Vous achèverez seule, et pas à pas tantôt
Je vous expliquerai ces choses comme il faut.
Je me suis souvenu d'une petite affaire.
Je n'ai qu'un mot à dire, et ne tarderai guère.

---

1. « Cadeau, se dit aussi des repas qu'on donne hors de chez soi
deçà et delà, et particulièrement à la campagne. Les femmes coquettes
ruinent leurs galants à force de leur faire faire des *cadeaux* » (Furetière).

Rentrez : et conservez ce Livre chèrement.
Si le Notaire vient, qu'il m'attende un moment.

Scène 3

ARNOLPHE

ARNOLPHE

Je ne puis faire mieux que d'en faire ma femme.
Ainsi que je voudrai, je tournerai cette âme.
810 Comme un morceau de cire entre mes mains elle est,
Et je lui puis donner la forme qui me plaît[1].
Il s'en est peu fallu que, durant mon absence[2],
On ne m'ait attrapé par son trop d'innocence,
Mais il vaut beaucoup mieux, à dire vérité,
Que la femme qu'on a pèche de ce côté.
De ces sortes d'erreurs le remède est facile.
Toute personne simple aux leçons est docile :
Et si du bon chemin on l'a fait écarter
Deux mots incontinent[3] l'y peuvent rejeter.
820 Mais une femme habile est bien une autre bête.
Notre sort ne dépend que de sa seule tête :
De ce qu'elle s'y met, rien ne la fait gauchir[4],
Et nos enseignements ne font là que blanchir[5].
Son bel esprit lui sert à railler nos maximes,
À se faire souvent des vertus de ses crimes[6] :
Et trouver, pour venir à ses coupables fins,
Des détours à duper l'adresse des plus fins.
Pour se parer du coup en vain on se fatigue.

---

1. Image topique de la démiurgie depuis Aristote.   2. Ce vers et les sept suivants étaient supprimés à la représentation (d'après l'éd. de 1682).   3. Sur-le-champ, sans délai.   4. Ce vers et les sept suivants étaient supprimés à la représentation (d'après l'éd. de 1682).   5. « Blanchir, se dit aussi des coups de canon qui ne font qu'effleurer une muraille, et y laissent une marque blanche. » Se dira donc « au figuré de ceux qui entreprennent d'attaquer, ou de persuader quelqu'un, et dont tous les efforts sont inutiles » (Furetière).   6. Au sens religieux de péché, même véniel.

Une femme d'esprit est un diable en intrigue :
830 Et dès que son caprice a prononcé tout bas
L'arrêt de[1] notre honneur, il faut passer le pas.
Beaucoup d'honnêtes gens en pourraient bien que
Enfin mon étourdi n'aura pas lieu d'en rire.   [dire[2].
Par son trop de caquet il a ce qu'il lui faut.
Voilà de nos Français l'ordinaire défaut.
Dans la possession d'une bonne fortune,
Le secret est toujours ce qui les importune ;
Et la vanité sotte a pour eux tant d'appas,
Qu'ils se pendraient plutôt que de ne causer pas.
840 Ô que les femmes sont du diable bien tentées,
Lorsqu'elles vont choisir ces têtes éventées[3] !
Et que... Mais le voici : cachons-nous toujours bien,
Et découvrons un peu quel chagrin est le sien.

Scène 4

HORACE, ARNOLPHE

HORACE

Je reviens de chez vous, et le destin me montre
Qu'il n'a pas résolu que je vous y rencontre.
Mais j'irai tant de fois qu'enfin quelque moment...

---

1. La sentence contre (« arrêt » au sens juridique).   **2.** Pourraient
bien en dire quelque chose, *ie* sauraient bien quoi en dire. Emploi
vieilli de *que* comme connecteur percontatif (*ie* interrogatif indirect) en
régime positif ; l'emploi courant, alors comme aujourd'hui, se rencontre dans les énoncés négatifs : « M. de Clèves ne savait que penser. »
Voir N. Fournier, *Grammaire du français classique*, § 309. D'autre part,
la connivence très forte, dans la langue classique, entre les auxiliaires
modaux « pouvoir, devoir, savoir » autorise l'emploi de « pouvoir » là
où « savoir » serait actuellement seul recevable : « je ne sais qu'en dire »
est admis, pas « je ne peux qu'en dire ». Au total, la formulation de
ce vers procède de ces deux particularités, l'une syntaxique, l'autre
lexicale.   **3.** Tartuffe reprendra ce raisonnement pour convaincre
Elmire de lui céder (*Tartuffe*, III, 3, v. 989-994).

ARNOLPHE

Hé mon Dieu ! n'entrons point dans ce vain
[compliment.
Rien ne me fâche tant que ces cérémonies,
Et si l'on m'en croyait, elles seraient bannies.
850 C'est un maudit usage, et la plupart des gens
Y perdent sottement les deux tiers de leur temps.
Mettons[1] donc sans façon. Hé bien, vos amourettes ?[2]
Puis-je, Seigneur Horace, apprendre où vous en êtes ?
J'étais tantôt distrait par quelque vision :
Mais depuis là-dessus j'ai fait réflexion.
De vos premiers progrès j'admire la vitesse,
Et dans l'événement mon âme s'intéresse.

HORACE

Ma foi, depuis qu'à vous s'est découvert mon cœur,
Il est à mon amour arrivé du malheur.

ARNOLPHE

860 Oh, oh ! comment cela ?

HORACE

La fortune cruelle
A ramené des champs le patron de la belle.

ARNOLPHE

Quel malheur !

HORACE

Et de plus, à mon très grand regret,
Il a su de nous deux le commerce secret.

---

1. Ellipse du terme désignant la coiffure (ici, leurs chapeaux).
Cf. *Le Bourgeois gentilhomme*, III, 4. Les politesses cérémonieuses et le
respect formaliste des usages sont couramment blâmés dans la seconde
moitié du XVIIᵉ siècle : cela caractérise une conduite provinciale ou
pédante, c'est-à-dire attardée ; ainsi celle des Sotenville dans *George
Dandin*, celle des Diafoirus dans *Le Malade imaginaire*. **2.** Point
dans l'original après « Hé bien » et à la fin du vers.

ARNOLPHE

D'où diantre ! a-t-il sitôt appris cette aventure ?

HORACE

Je ne sais. Mais enfin c'est une chose sûre.
Je pensais aller rendre, à mon heure à peu près,
Ma petite visite à ses jeunes attraits,
Lorsque changeant pour moi de ton et de visage,
Et Servante et Valet m'ont bouché le passage,
870 Et d'un : *retirez-vous, vous nous importunez*,[1]
M'ont assez rudement fermé la porte au nez.

ARNOLPHE

La porte au nez !

HORACE

Au nez.

ARNOLPHE

La chose est un peu forte.

HORACE

J'ai voulu leur parler au travers de la porte :
Mais à tous mes propos ce qu'ils ont répondu
C'est, *vous n'entrerez point, Monsieur l'a défendu.*

ARNOLPHE

Ils n'ont donc point ouvert ?

HORACE

Non. Et de la fenêtre
Agnès m'a confirmé le retour de ce Maître,
En me chassant de là d'un ton plein de fierté[2],
Accompagné d'un grès que sa main a jeté.

---

1. Ponctuation originale : « *importunez.* » De même à la fin du vers
867.   2. Avec une connotation de cruauté, de brutalité, inhérente à
l'étymologie du vocable (*ferus*, sauvage).

ARNOLPHE

880 Comment d'un grès ?

HORACE

                    D'un grès de taille non petite,
Dont on a par ses mains régalé ma visite.

ARNOLPHE

Diantre ! ce ne sont pas des prunes que cela[1] ;
Et je trouve fâcheux l'état où vous voilà.

HORACE

Il est vrai, je suis mal par ce retour funeste[2].

ARNOLPHE

Certes j'en suis fâché pour vous, je vous proteste.

HORACE

Cet homme me rompt[3] tout.

ARNOLPHE

                    Oui, mais cela n'est rien,
Et de vous raccrocher vous trouverez moyen[4].

---

  1. Détournement de l'expression familière : « n'être pas là pour des prunes », autrement dit avoir un motif plus considérable : la prune est fruit de peu de prix. Molière en use dans *Le Cocu imaginaire*, v. 366 et *La Critique de l'École des femmes*, sc. 3.   **2.** Ici commence le quiproquo : le « fâcheux état » des affaires d'Horace, c'est dans l'esprit d'Arnolphe la rebuffade apparente subie par le jeune homme de la part d'Agnès, alors que pour celui-ci, qui sait les véritables intentions de la jeune fille, c'est seulement la situation délicate que lui crée le retour du cerbère. Le quiproquo se concentre sur la place et la fonction du grès, signe de rupture pour ce qu'en sait Arnolphe, vecteur de l'engagement amoureux pour ce qu'en sait Horace.   **3.** « Rompre, signifie aussi, Détruire, abattre, ruiner. Les gens de guerre *rompent*, brisent tout » (Furetière).   **4.** Richelet dans son *Dictionnaire français* (1680) illustre par la citation de ce vers la définition suivante : « Raccrocher. [...] Ce mot se dit des gens qui ont rompu ensemble et signifie se raccommoder, se réconcilier... » « Vous » désigne donc Horace et Agnès.

HORACE
Il faut bien essayer par quelque intelligence [1]
De vaincre du jaloux l'exacte vigilance.

ARNOLPHE
890 Cela vous est facile, et la fille après tout
Vous aime.

HORACE
Assurément.

ARNOLPHE
Vous en viendrez à bout.

HORACE
Je l'espère.

ARNOLPHE
Le grès vous a mis en déroute,
Mais cela ne doit pas vous étonner [2].

HORACE
Sans doute,
Et j'ai compris d'abord [3] que mon homme était là,
Qui sans se faire voir conduisait tout cela :
Mais ce qui m'a surpris et qui va vous surprendre,
C'est un autre incident que vous allez entendre,
Un trait hardi qu'a fait cette jeune beauté,
Et qu'on n'attendrait point de sa simplicité ;
900 Il le faut avouer, l'amour est un grand maître [4],
Ce qu'on ne fut jamais il nous enseigne à l'être,
Et souvent de nos mœurs l'absolu changement

---

1. Au sens de connivence, comme dans les expressions : signe d'intelligence, intelligence avec l'ennemi. Ainsi de la lettre jetée avec le grès, dont Arnolphe et le spectateur ignorent encore l'existence. 2. Au sens fort et étymologique de Foudroyer, abattre, décontenancer. Nous avons corrigé la virgule erronée après « Je l'espère » (v. 892).   3. D'emblée, tout de suite.   4. Ce thème convenu (cf. par exemple Corneille, *La Suite du Menteur*, 1644, v. 586 : « L'amour est un grand maître... ») justifie le titre de la comédie.

Devient par ses leçons l'ouvrage d'un moment.
De la nature[1] en nous il force les obstacles,
Et ses effets soudains ont de l'air des miracles,
D'un avare à l'instant il fait un libéral :
Un Vaillant d'un Poltron, un Civil d'un Brutal.
Il rend agile à tout l'âme la plus pesante,
Et donne de l'esprit à la plus innocente :
910 Oui, ce dernier miracle éclate dans Agnès,
Car tranchant avec moi par ces termes exprès,
Retirez-vous, mon âme aux visites renonce,
Je sais tous vos discours ; Et voilà ma réponse,[2]
Cette pierre ou ce grès dont vous vous étonniez,
Avec un mot de lettre est tombée à mes pieds,
Et j'admire de voir cette lettre ajustée
Avec le sens des mots et la pierre jetée.[3]
D'une telle action n'êtes-vous pas surpris ?
L'amour sait-il pas l'art d'aiguiser les esprits ?
920 Et peut-on me nier que ses flammes puissantes,
Ne fassent dans un cœur des choses étonnantes ?
Que dites-vous du tour, et de ce mot d'écrit ?
Euh ! n'admirez-vous point cette adresse d'esprit ?
Trouvez-vous pas plaisant de voir quel Personnage
A joué mon jaloux dans tout ce badinage ?
Dites.[4]

ARNOLPHE
Oui fort plaisant.

HORACE
Riez-en donc un peu.

Arnolphe rit d'un ris forcé.

Cet homme gendarmé d'abord[5] contre mon feu,
Qui chez lui se retranche, et de grès fait parade,
Comme si j'y voulais entrer par escalade,

---

1. Voir notre Commentaire ci-après, p. 185.   **2.** Ponctuation originale : « *réponse.* ».   **3.** Ponctuation originale : « cette lettre ajustée, / Avec
le sens des mots ; Et la pierre jetée ; ».   **4.** Point à la fin du vers 925 et
virgule après « Dites » dans l'original.   **5.** Voir la note du v. 894.

930 Qui pour me repousser dans son bizarre effroi,
Anime du dedans tous ses gens contre moi,
Et qu'abuse à ses yeux par sa machine même,
Celle qu'il veut tenir dans l'ignorance extrême :
Pour moi je vous l'avoue, encor que son retour
En un grand embarras jette ici mon amour,
Je tiens cela plaisant autant qu'on saurait dire,
Je ne puis y songer sans de bon cœur en rire.
Et vous n'en riez pas assez à mon avis.

ARNOLPHE, *avec un ris forcé.*
Pardonnez-moi, j'en ris tout autant que je puis.

HORACE
940 Mais il faut qu'en ami je vous montre la lettre.
Tout ce que son cœur sent, sa main a su l'y mettre :
Mais en termes touchants, et tous pleins de bonté,
De tendresse innocente, et d'ingénuité,
De la manière enfin que la pure nature
Exprime de l'amour la première blessure.

ARNOLPHE, *bas.*
Voilà, friponne, à quoi l'écriture te sert,
Et contre mon dessein l'art t'en fut découvert.

HORACE *lit.*
Je veux vous écrire, et je suis bien en peine par où je m'y prendrai. J'ai des pensées que je désirerais que vous sussiez ; mais je ne sais comment faire pour vous les dire, et je me défie de mes paroles. Comme je commence à connaître qu'on m'a toujours tenue dans l'ignorance, j'ai peur de mettre quelque chose, qui ne soit pas bien, et d'en dire plus que je ne devrais. En vérité je ne sais ce que vous m'avez fait ; mais je sens que je suis fâchée à mourir de ce qu'on me fait faire contre vous, que j'aurai toutes les peines du monde à me passer de vous, et que je serais bien aise d'être à vous. Peut-être qu'il y a du mal à dire cela ; mais enfin je ne puis m'empêcher de le dire, et je voudrais que cela se pût faire, sans qu'il y en eût. On me dit fort, que tous les jeunes hommes sont des trompeurs ;

qu'il ne les faut point écouter, et que tout ce que vous me
dites, n'est que pour m'abuser ; mais je vous assure, que je
n'ai pu encore me figurer cela de vous ; et je suis si touchée
de vos paroles, que je ne saurais croire qu'elles soient men-
teuses. Dites-moi franchement ce qui en est ; car enfin,
comme je suis sans malice, vous auriez le plus grand tort du
monde, si vous me trompiez. Et je pense que j'en mourrais
de déplaisir[1].

ARNOLPHE

Hon ! chienne ![2]

HORACE
Qu'avez-vous ?

ARNOLPHE

> Moi ? rien ; c'est que
> [je tousse.

HORACE

Avez-vous jamais vu d'expression plus douce ?[3]
950 Malgré les soins maudits d'un injuste pouvoir,
Un plus beau naturel peut-il se faire voir ?
Et n'est-ce pas sans doute un crime punissable,
De gâter méchamment ce fonds d'âme admirable ?
D'avoir dans l'ignorance et la stupidité,
Voulu de cet esprit[4] étouffer la clarté ?
L'amour a commencé d'en déchirer le voile,
Et si par la faveur de quelque bonne étoile,
Je puis, comme j'espère, à ce franc animal,
Ce traître, ce bourreau, ce faquin, ce brutal...

ARNOLPHE

960 Adieu.

---

   1. Voir la note du v. 375.   **2.** Ponctuation et orthographe originales : « Hom chienne. »   **3.** Ponctuation originale : « Avez-vous
jamais vu, d'expression plus douce, ».   **4.** 1er tirage : « amour ».

HORACE

Comment,[1] si vite ?

ARNOLPHE

Il m'est dans la pensée
Venu tout maintenant une affaire pressée.

HORACE

Mais ne sauriez-vous point, comme on la tient de près,
Qui dans cette maison pourrait avoir accès ?[2]
J'en use sans scrupule, et ce n'est pas merveille
Qu'on se puisse entre amis servir à la pareille,
Je n'ai plus là-dedans que gens pour m'observer,
Et servante et valet que je viens de trouver,
N'ont jamais de quelque air que je m'y sois pu prendre[3],
Adouci leur rudesse à me vouloir entendre.
970   J'avais pour de tels coups certaine vieille en main,
D'un génie à vrai dire au-dessus de l'humain,
Elle m'a dans l'abord servi de bonne sorte :
Mais depuis quatre jours la pauvre femme est morte,
Ne me pourriez-vous point ouvrir quelque moyen ?

ARNOLPHE

Non vraiment, et sans moi vous en trouverez bien.

HORACE

Adieu donc. Vous voyez ce que je vous confie.

---

1. Pas de virgule dans l'original.   2. La virgule qui termine ce
vers dans l'édition originale procède sans conteste d'une confusion
entre interrogative et relative. Nous ajoutons au vers 962 celle qui
précède « comme ».   3. Le verbe « pouvoir » se conjugue ici avec
l'auxiliaire « être » au lieu d'« avoir », par contamination de l'auxiliation
du verbe pronominal commandé par lui (s'y prendre). De même au
v. 1663 ci-dessous. À noter que nous changeons la virgule en point à
la fin du v. 969.

Scène 5

ARNOLPHE

ARNOLPHE

Comme il faut devant lui que je me mortifie !
Quelle peine à cacher mon déplaisir cuisant ! [1]
Quoi pour une innocente, un esprit si présent ?
980   Elle a feint d'être telle [2] à mes yeux, [3] la traîtresse,
Ou le diable à son âme a soufflé cette adresse :
Enfin me voilà mort par ce funeste écrit [4],
Je vois qu'il a, le traître, empaumé [5] son esprit,
Qu'à ma suppression il s'est ancré [6] chez elle,
Et c'est mon désespoir, et ma peine mortelle,
Je souffre doublement dans le vol de son cœur,
Et l'amour y pâtit aussi bien que l'honneur.
J'enrage de trouver cette place usurpée,
Et j'enrage de voir ma prudence trompée.
990   Je sais que pour punir son amour libertin
Je n'ai qu'à laisser faire à son mauvais destin,
Que je serai vengé d'elle par elle-même :
Mais il est bien fâcheux de perdre ce qu'on aime.
Ciel ! puisque pour un choix j'ai tant Philosophé,
Faut-il de ses appas m'être si fort coiffé [7] ?

---

1. Ce vers est terminé par un point dans l'original ; et le précédent par une virgule (effet d'une confusion probable entre « comme » exclamatif et causal).   **2.** Innocente. Soit son innocence était feinte, soit le diable l'a soudain affranchie, pense Arnolphe.   **3.** Nous ajoutons la virgule.   **4.** Ce vers et les onze suivants étaient supprimés à la représentation (éd. de 1682). La règle d'alternance entre rimes masculines et féminines fait que les suppressions portent systématiquement sur des groupes de quatre vers ou sur des multiples de quatre (huit ou, ici, douze). Il est probable que Molière, à la création de l'œuvre du moins, récitait le texte *in extenso*.   **5.** « Empaumer. v. act. Serrer avec la main. [...] Signifie figurément, se rendre maître de l'esprit de quelqu'un » (Furetière). Nos virgules encadrant « le traître ».   **6.** « On dit figurément, que quelqu'un s'est bien *ancré* dans une maison, pour dire, qu'il y est bien établi, bien affermi, qu'on aurait de la peine à l'en chasser » (Furetière). « À ma suppression » : afin de me chasser.   **7.** « Coiffer, se dit figurément en choses morales et spirituelles, et signifie, S'entêter, se préoccuper en faveur de quelque chose. »

Elle n'a ni parents, ni support, ni richesse,
Elle trahit mes soins, mes bontés, ma tendresse,
Et cependant je l'aime, après ce lâche tour,
Jusqu'à ne me pouvoir passer de cet amour.
1000 Sot, n'as-tu point de honte ?[1] ah je crève, j'enrage,
Et je souffletterais mille fois mon visage.[2]
Je veux entrer un peu ; mais seulement pour voir
Quelle est sa contenance après un trait si noir.
Ciel ! faites que mon front soit exempt de disgrâce,
Ou bien s'il est écrit, qu'il faille que j'y passe,
Donnez-moi tout au moins, pour de tels accidents,
La constance qu'on voit à de certaines gens.

---

1. Virgule, en place du point d'interrogation, dans l'original.
2. Virgule dans l'original.

ACTE IV

Scène 1

ARNOLPHE

J'ai peine, je l'avoue, à demeurer en place,
Et de mille soucis mon esprit s'embarrasse,
1010 Pour pouvoir mettre un ordre et dedans et dehors,
Qui du godelureau rompe tous les efforts :
De quel œil la traîtresse a soutenu ma vue,
De tout ce qu'elle a fait elle n'est point émue.
Et bien qu'elle me mette à deux doigts du trépas,
On dirait à la voir qu'elle n'y touche pas [1].
Plus en la regardant je la voyais tranquille,
Plus je sentais en moi s'échauffer une bile,
Et ces bouillants transports dont s'enflammait mon
                                        [cœur,
Y semblaient redoubler mon amoureuse ardeur.
1020 J'étais aigri, fâché, désespéré contre elle,
Et cependant jamais je ne la vis si belle ;
Jamais ses yeux aux miens n'ont paru si perçants,
Jamais je n'eus pour eux des désirs si pressants,
Et je sens là-dedans qu'il faudra que je crève,
Si de mon triste sort la disgrâce s'achève.
Quoi ? j'aurai dirigé son éducation
Avec tant de tendresse et de précaution ;

---

1. « On dit aussi d'un hypocrite malicieux qui fait le niais, qu'il ne semble pas qu'il y *touche* » (Furetière). Même formule dans la bouche de Mme Pernelle à propos de Mariane dans *Tartuffe* (v. 22). De cet usage de « toucher » est sortie la qualification de « sainte Nitouche ».

Je l'aurai fait passer chez moi dès son enfance,
Et j'en aurai chéri la plus tendre espérance ;
1030 Mon cœur aura bâti sur ses attraits naissants,
Et cru la mitonner pour moi durant treize ans,
Afin qu'un jeune fou dont elle s'amourache
Me la vienne enlever jusque sur la moustache [1],
Lorsqu'elle est avec moi mariée à demi ! [2]
Non parbleu, non parbleu, petit sot mon ami,
Vous aurez beau tourner : [3] ou j'y perdrai mes peines,
Ou je rendrai, [4] ma foi, vos espérances vaines,
Et de moi tout à fait vous ne vous rirez point.

Scène 2

LE NOTAIRE, ARNOLPHE

LE NOTAIRE
Ah le voilà ! Bonjour, me voici tout à point
1040 Pour dresser le contrat que vous souhaitez faire.

ARNOLPHE, *sans le voir.*
Comment faire !

LE NOTAIRE
Il le faut dans la forme ordinaire.

ARNOLPHE, *sans le voir.*
À mes précautions je veux songer de près.

---

1. « On dit figurément, enlever sur la *moustache*, quand on obtient
de hauteur et par violence quelque chose à laquelle quelque autre pré-
tendait, ou dont il était en possession. Ce jeune homme croyait épouser cette fille, mais il en est venu un plus riche qui la lui a enlevée sur
la *moustache* » (Furetière).   2. Ponctuation originale : point d'interrogation à la fin du v. 1027 ; point à la fin des v. 1029, 1031 et
1034.   3. Nous ajoutons les deux points.   4. Pas de virgule dans
l'original avant « ma foi, ».

LE NOTAIRE
Je ne passerai[1] rien contre vos intérêts.

ARNOLPHE, *sans le voir.*
Il se faut garantir de toutes les surprises.

LE NOTAIRE
Suffit qu'entre mes mains vos affaires soient mises,
Il ne vous faudra point de peur d'être déçu,
Quittancer le Contrat que vous n'ayez reçu[2].

ARNOLPHE, *sans le voir.*
J'ai peur si je vais faire éclater quelque chose
Que de cet incident par la ville on ne cause.

LE NOTAIRE
1050 Hé bien il est aisé d'empêcher cet éclat,
Et l'on peut en secret faire votre Contrat.

ARNOLPHE, *sans le voir.*
Mais comment faudra-t-il qu'avec elle j'en sorte ?

LE NOTAIRE
Le douaire[3] se règle au bien qu'on vous apporte.

ARNOLPHE, *sans le voir.*
Je l'aime, et cet amour est mon grand embarras.

---

1. Terme juridique : admettre dans un acte notarié. C'est en ce sens que l'on écrit : « Fait et *passé* en tel lieu, et devant tels Notaires, le tel jour » (Furetière). **2.** « Quittancer. v. act. Donner quittance au dos ou en marge d'un contrat ou d'une obligation » (Furetière). Il ne faut pas, de peur de se laisser attraper, donner quittance écrite et signée de la dot avant de l'avoir bel et bien reçue. **3.** « Douaire. s. m. Biens que le mari assigne à sa femme en se mariant, pour jouir par usufruit pendant sa viduité [*son veuvage éventuel*], et en laisser la propriété à ses enfants » (Furetière). Le Notaire explique que cet usufruit est proportionnel au montant de la dot apportée par l'épouse (cf. v. 1058).

LE NOTAIRE
On peut avantager une femme en ce cas[1].

ARNOLPHE, *sans le voir.*
Quel traitement lui faire en pareille aventure ?

LE NOTAIRE
L'ordre est que le futur doit douer[2] la future
Du tiers du dot qu'elle a, mais cet ordre n'est rien,
Et l'on va plus avant lorsque l'on le veut bien.

ARNOLPHE, *sans le voir.*
1060   Si...

LE NOTAIRE, *Arnolphe l'apercevant.*
Pour le préciput[3], il les regarde ensemble,
Je dis que le futur peut comme bon lui semble
Douer la future.

ARNOLPHE, *l'ayant aperçu.*
Euh !

LE NOTAIRE
Il peut l'avantager
Lorsqu'il l'aime beaucoup et qu'il veut l'obliger[4],
Et cela par douaire, ou préfix qu'on appelle,
Qui demeure perdu par le trépas d'icelle,
Ou sans retour, qui va de ladite à ses hoirs,
Ou Coutumier, selon les différents vouloirs,
Ou par donation dans le Contrat formelle,

---

1. Molière réutilisera le comique de ces finasseries juridiques dans son *Malade imaginaire*, et le Notaire d'Arnolphe annonce M. de Bonnefoy.   **2.** « Douer. v. act. Assigner un douaire à sa femme. Une femme *douée* de douaire coutumier est plus avantagée, que si elle était *douée* d'un douaire préfix » (Furetière). À noter (vers suivant) que « dot » est déjà féminin au XVIIᵉ siècle : la langue juridique retarde. **3.** « Préciput, est aussi un avantage que l'on stipule dans les contrats de mariage en faveur du survivant, qu'il doit prendre sur les biens du prédécédé avant le partage de la succession, ou de la communauté » (Furetière).   **4.** Se montrer obligeant envers elle.

Qu'on fait, ou pure et simple, ou qu'on fait mutuelle [1] ;
1070 Pourquoi hausser le dos ? est-ce qu'on parle en fat [2],
Et que l'on ne sait pas les formes d'un Contrat ?
Qui me les apprendra ? personne, [3] je présume.
Sais-je pas qu'étant joints on est par la Coutume,
Communs en meubles, biens immeubles et conquêts [4],
À moins que par un Acte on y renonce exprès ?
Sais-je pas que le tiers du bien de la future
Entre en communauté ? pour...

ARNOLPHE

Oui, c'est chose sûre,
Vous savez tout cela, mais qui vous en dit mot ?

LE NOTAIRE

Vous qui me prétendez faire passer pour sot,
1080 En me haussant l'épaule, et faisant la grimace.

ARNOLPHE

La peste soit fait l'homme, et sa chienne de face [5].
Adieu. C'est le moyen de vous faire finir.

---

1. « Le *douaire préfix* est celui qui consiste en une certaine somme d'argent, ou en quelque terre ou héritage affecté au *douaire*. *Douaire coutumier* est la moitié de tous les biens qu'a le mari le jour de son mariage, lequel a lieu quand on n'a point stipulé de *douaire préfix* » (Furetière). Le douaire préfix retourne aux « hoirs » (terme archaïque qui a survécu dans le jargon juridique pour désigner les héritiers) du mari à la mort de sa veuve, à l'inverse du douaire sans retour qui passe aux héritiers de celle-ci. La donation formelle entre vifs est simple quand le mari attribue l'usufruit de ses biens à sa femme en cas de décès, mutuelle si les deux contractants s'engagent réciproquement à transmettre l'usufruit de leurs biens au dernier vivant. **2.** Au sens ici de sot. **3.** Point-virgule dans l'original. **4.** « Conquêt. s. m. Terme de Pratique. C'est un bien acquis pendant la communauté entre un mari et une femme » (Furetière). **5.** Imprécation lexicalisée, construite à partir d'un emploi ancien du subjonctif en indépendante sans l'introducteur « que ». Voir N. Fournier, *Grammaire du français classique*, § 477. Le tour ordinaire est : « La peste soit de l'homme ! » (*L'Impromptu de Versailles*, sc. 2) ; et le tour le plus logique : « La peste étouffe le tailleur ! » (*Le Bourgeois gentilhomme*, II, 4).

LE NOTAIRE
Pour dresser un Contrat m'a-t-on pas fait venir ?

ARNOLPHE
Oui, je vous ai mandé : mais la chose est remise,
Et l'on vous mandera quand l'heure sera prise.
Voyez quel Diable d'homme avec son entretien ?

LE NOTAIRE
Je pense qu'il en tient[1], et je crois penser bien.

Scène 3

LE NOTAIRE, ALAIN, GEORGETTE, ARNOLPHE

LE NOTAIRE[2]
M'êtes-vous pas venu quérir pour votre Maître ?

ALAIN
Oui.

LE NOTAIRE
              J'ignore pour qui vous le pouvez connaître :
1090 Mais allez de ma part lui dire de ce pas
Que c'est un fou fieffé.

GEORGETTE
                        Nous n'y manquerons pas.

---

1. « On dit aussi, qu'un homme en *tient*, qu'il est blessé de quelque coup, qu'il a reçu quelque perte notable en procès, en taxes, ou en autres accidents, qu'il en *tient*, quand il est devenu amoureux, quand il a trop bu, quand il a gagné quelque vilaine maladie » (Furetière). Par extension de l'idée de *blessure*, le sens familier de l'expression est devenu : être fou, délirer. À rapprocher du v. 196 (« Il est un peu *blessé* sur certaines matières ») qui présente la même signification métaphorique dans un contexte analogue : conclusion d'un dialogue un peu vif sur une accusation réciproque de folie. Et pour confirmation, voir le v. 1091 ci-dessous.   2. LE NOTAIRE, *allant au-devant d'Alain et Georgette*. (1734).

Scène 4

ALAIN, GEORGETTE, ARNOLPHE

ALAIN

Monsieur...

ARNOLPHE

    Approchez-vous, vous êtes mes fidèles,
Mes bons, mes vrais amis, et j'en sais des nouvelles.

ALAIN

Le Notaire...

ARNOLPHE

    Laissons, c'est pour quelque autre jour.
On veut à mon honneur jouer d'un mauvais tour[1] :
Et quel affront pour vous mes enfants pourrait-ce être,
Si l'on avait ôté l'honneur à votre Maître ?
Vous n'oseriez après paraître en nul endroit,
Et chacun vous voyant vous montrerait au doigt[2] :
1100 Donc puisque autant que moi l'affaire vous regarde,
Il faut de votre part faire une telle garde
Que ce galant ne puisse en aucune façon...

GEORGETTE

Vous nous avez tantôt montré notre leçon.

ARNOLPHE

Mais à ses beaux discours gardez bien de vous rendre.

ALAIN

Oh ! vraiment...

---

1. Construction peu usitée, dérivée d'expressions comme « jouer d'adresse, de finesse » ou encore « jouer des gobelets, des couteaux » (relevées par Furetière). Le « mauvais tour » s'entend ici comme la manière ou le moyen du jeu et non pas son objet direct.   **2.** « *Montrer* au doigt, c'est à dire, Se moquer de quelqu'un » (Furetière).

GEORGETTE
Nous savons comme il faut s'en défendre.

ARNOLPHE
S'il venait doucement. Alain mon pauvre cœur
Par un peu de secours soulage ma langueur.

ALAIN
Vous êtes un sot.

ARNOLPHE, *à Georgette.*
                    Bon. Georgette ma mignonne,
Tu me parais si douce, et si bonne personne.

GEORGETTE
1110 Vous êtes un nigaud.

ARNOLPHE, *à Alain.*
                    Bon. Quel mal trouves-tu
Dans un dessein honnête, et tout plein de vertu ?

ALAIN
Vous êtes un fripon.

ARNOLPHE, *à Georgette.*
                    Fort bien. Ma mort est sûre
Si tu ne prends pitié des peines que j'endure.

GEORGETTE
Vous êtes un benêt, un impudent.

ARNOLPHE
                    Fort bien.
Je ne suis pas un homme à vouloir rien pour rien,
Je sais quand on me sert en garder la mémoire :
Cependant par avance, Alain voilà pour boire,
Et voilà pour t'avoir, Georgette, un cotillon :

Ils tendent tous deux la main, et prennent l'argent.

Ce n'est de mes bienfaits qu'un simple échantillon,
1120 Toute la courtoisie enfin dont je vous presse,
C'est que je puisse voir votre belle Maîtresse.

GEORGETTE, *le poussant.*
À d'autres.

ARNOLPHE
Bon cela.

ALAIN, *le poussant.*
Hors d'ici.

ARNOLPHE
Bon.

GEORGETTE, *le poussant.*
Mais tôt.

ARNOLPHE
Bon. Holà, c'est assez.

GEORGETTE
Fais-je pas comme il faut ?

ALAIN
Est-ce de la façon que vous voulez l'entendre ?

ARNOLPHE
Oui, fort bien, hors l'argent, qu'il ne fallait pas prendre.

GEORGETTE
Nous ne nous sommes pas souvenus de ce point.

ALAIN
Voulez-vous qu'à l'instant nous recommencions ?[1]

---

1. Nous corrigeons la virgule qui termine le vers dans l'original. Nous supprimons celle qui sépare « vous » de « dis-je » au v. 1129.

ARNOLPHE

                                        Point.
Suffit, rentrez tous deux.

ALAIN

                    Vous n'avez rien qu'à dire.

ARNOLPHE
Non, vous dis-je, rentrez, puisque je le désire.
1130 Je vous laisse l'argent, allez, je vous rejoins,
     Ayez bien l'œil à tout, et secondez mes soins.

Scène 5

ARNOLPHE

ARNOLPHE
Je veux pour espion qui soit d'exacte vue[1],
Prendre le Savetier[2] du coin de notre rue ;
Dans la maison toujours je prétends la tenir,
Y faire bonne garde, et surtout en bannir
Vendeuses de Ruban, Perruquières, Coiffeuses,
Faiseuses de Mouchoirs, Gantières, Revendeuses,
Tous ces gens qui sous main travaillent chaque jour,
À faire réussir les mystères d'amour ;
1140 Enfin j'ai vu le monde, et j'en sais les finesses,
     Il faudra que mon homme ait de grandes adresses,
     Si Message ou Poulet[3] de sa part peut entrer.

---

1. Ce vers et les sept suivants étaient supprimés à la représentation
(d'après l'éd. de 1682).   2. Profession réputée pour fournir les villes
en ragots et la police en indicateurs, d'après l'imagerie que colportent
les opuscules de tradition populaire.   3. « Poulet, signifie aussi un
petit billet amoureux qu'on envoie aux Dames galantes, ainsi nommé,
parce qu'en le pliant on y faisait deux pointes qui représentaient les
ailes d'un *poulet* » (Furetière).

Scène 6

HORACE, ARNOLPHE

HORACE

La place m'est heureuse à vous y rencontrer,
Je viens de l'échapper bien belle je vous jure.
Au sortir d'avec vous sans prévoir l'aventure,
Seule dans son balcon j'ai vu paraître Agnès,
Qui des arbres prochains prenait un peu le frais,
Après m'avoir fait signe, elle a su faire en sorte
Descendant au jardin de m'en ouvrir la porte :
1150 Mais à peine tous deux dans sa chambre étions-nous,
Qu'elle a sur les degrés entendu son jaloux,
Et tout ce qu'elle a pu dans un tel accessoire [1],
C'est de me renfermer dans une grande armoire.
Il est entré d'abord [2] ; je ne le voyais pas,
Mais je l'oyais marcher sans rien dire à grands pas ;
Poussant de temps en temps des soupirs pitoyables,
Et donnant quelquefois de grands coups sur les tables,
Frappant un petit chien qui pour lui s'émouvait,
Et jetant brusquement les hardes qu'il trouvait, [3]
1160 Il a même cassé d'une main mutinée [4],
Des vases dont la belle ornait sa cheminée,
Et sans doute il faut bien qu'à ce becque cornu [5],

---

1. Le sens de *péril* que revêt ici le mot est dérivé de sa signification générale : « Accessoire. s. m. Dépendance et suite de quelque chose qui est plus considérable » (Furetière). Acception en voie de désuétude dans la seconde moitié du XVIIe siècle.   2. D'emblée (cf. v. 894). C'est-à-dire qu'Arnolphe, dès entré au logis, est allé directement dans la chambre d'Agnès. Noter que le v. 1153 se termine par une virgule dans l'original (de même, plus haut, le v. 1144).   3. On ponctue aujourd'hui d'un point-virgule au moins la fin de ce vers et celle du v. 1161. Nous conservons en dépit de la syntaxe les virgules originales (de même aux v. 1163, 1167, 1175, 1179 et 1180) pour l'effet de rapidité, de tourbillon verbal qu'elles produisent. Mais sans garantie sur les origines : voir la tirade suivante, où elles paraissent décidément témoigner de la manie d'un typographe plus que de la logique d'un poète dramatique.   4. « Mutiné, se dit aussi figurément et poétiquement des choses qui résistent, qui détruisent, qui sont contraires, comme, les vents *mutinés*, les flots *mutinés* » (Furetière).   5. Trans-

Du trait qu'elle a joué quelque jour soit venu,
Enfin après cent tours ayant de la manière,
Sur ce qui n'en peut mais déchargé sa colère,
Mon jaloux inquiet sans dire son ennui[1],
Est sorti de la chambre, et moi de mon étui,
Nous n'avons point voulu, de peur du personnage,
Risquer à nous tenir ensemble davantage,
1170 C'était trop hasarder ; mais je dois cette nuit,
Dans sa chambre un peu tard m'introduire sans bruit,
En toussant par trois fois je me ferai connaître,
Et je dois au signal voir ouvrir la fenêtre,
Dont avec une échelle, et secondé d'Agnès,
Mon amour tâchera de me gagner l'accès,
Comme à mon seul ami je veux bien vous l'apprendre,
L'allégresse du cœur s'augmente à la répandre,
Et goûtât-on cent fois un bonheur tout parfait[2],
On n'en est pas content si quelqu'un ne le sait,
1180 Vous prendrez part je pense à l'heur de mes affaires,
Adieu je vais songer aux choses nécessaires.

Scène 7

ARNOLPHE

ARNOLPHE

Quoi ? l'astre qui s'obstine à me désespérer,
Ne me donnera pas le temps de respirer,
Coup sur coup je verrai par leur intelligence,
De mes soins vigilants confondre la prudence,
Et je serai la dupe en ma maturité[3],
D'une jeune innocente, et d'un jeune éventé ?[4]

---

littération de l'italien *becco cornuto*, bouc cornu, pléonasme désignant
par métaphore les cornards.
  1. Voir la note du v. 375. Sur la ponctuation de la tirade, voir la note
antépénultième.   **2.** 1ᵉʳ tirage : « trop parfait ».   **3.** Ce vers et les
dix-neuf suivants étaient supprimés à la représentation (d'après l'éd.
de 1682).   **4.** Virgule dans l'original. De même aux v. 1191 et 1195.

En sage Philosophe on m'a vu vingt années,
Contempler des maris les tristes destinées,
1190 Et m'instruire avec soin de tous les accidents,
Qui font dans le malheur tomber les plus prudents ;
Des disgrâces d'autrui profitant dans mon âme,
J'ai cherché les moyens voulant prendre une femme,
De pouvoir garantir mon front de tous affronts,
Et le tirer de pair[1] d'avec les autres fronts ;
Pour ce noble dessein j'ai cru mettre en pratique,
Tout ce que peut trouver l'humaine Politique,
Et comme si du sort il était arrêté,
Que nul homme ici-bas n'en serait exempté,
1200 Après l'expérience, et toutes les lumières,
Que j'ai pu m'acquérir sur de telles matières,
Après vingt ans et plus, de méditation,
Pour me conduire en tout avec précaution,
De tant d'autres maris j'aurais quitté la trace,
Pour me trouver après dans la même disgrâce ?[2]
Ah bourreau de destin vous en aurez menti !
De l'objet qu'on poursuit, je suis encor nanti,
Si son cœur m'est volé par ce blondin funeste,
J'empêcherai du moins qu'on s'empare du reste,
1210 Et cette nuit qu'on prend pour ce galant exploit,
Ne se passera pas si doucement qu'on croit.[3]
Ce m'est quelque plaisir parmi tant de tristesse,
Que l'on me donne avis du piège qu'on me dresse,
Et que cet étourdi qui veut m'être fatal,
Fasse son confident de son propre Rival.

---

1. « On dit aussi, qu'un homme s'est tiré du *pair*, qu'il est hors du *pair*, pour dire qu'il s'est élevé au-dessus des autres. On dit bien aussi, qu'un homme s'est tiré hors du *pair*, quand il s'est tiré d'une affaire qui était dangereuse » (Furetière). Comprendre qu'Arnolphe a tout fait pour se distinguer du sort qu'il estime commun (voir la première scène de la comédie). 2. Simple point dans l'original. Et virgule à la fin du vers suivant. 3. Virgule dans l'original.

Scène 8

CHRYSALDE, ARNOLPHE

CHRYSALDE

Hé bien, souperons-nous avant la promenade ?

ARNOLPHE

Non, je jeûne ce soir.

CHRYSALDE

D'où vient cette boutade [1] ?

ARNOLPHE

De grâce excusez-moi, j'ai quelque autre embarras.

CHRYSALDE

Votre hymen résolu ne se fera-t-il pas ?

ARNOLPHE

1220 C'est trop s'inquiéter des affaires des autres.

CHRYSALDE

Oh, oh, si brusquement ? quels chagrins sont les
Serait-il point, compère, à votre passion,   [vôtres ?
Arrivé quelque peu de tribulation ?
Je le jurerais presque à voir votre visage.

ARNOLPHE

Quoi qu'il m'arrive au moins aurai-je l'avantage,
De ne pas ressembler à de certaines gens,
Qui souffrent doucement l'approche des galants.

CHRYSALDE

C'est un étrange fait qu'avec tant de lumières,

---

1. « Boutade. s. f. Caprice, transport d'esprit qui se fait sans raison et avec impétuosité. Il se prend en bonne et en mauvaise part » (Furetière).

Vous vous effarouchiez toujours sur ces matières,
1230 Qu'en cela vous mettiez le souverain bonheur,
Et ne conceviez point au monde d'autre honneur. [1]
Être avare, brutal, fourbe, méchant, et lâche,
N'est rien à votre avis auprès de cette tache,
Et de quelque façon qu'on puisse avoir vécu,
On est homme d'honneur quand on n'est point cocu.
À le bien prendre au fond, pourquoi voulez-vous croire,
Que de ce cas fortuit dépende notre gloire ?
Et qu'une âme bien née ait à se reprocher,
L'injustice d'un mal qu'on ne peut empêcher [2] ?
1240 Pourquoi voulez-vous, dis-je, en prenant une femme,
Qu'on soit digne à son choix [3] de louange ou de blâme,
Et qu'on s'aille former un monstre plein d'effroi,
De l'affront que nous fait son manquement de foi [4] ?
Mettez-vous dans l'esprit qu'on peut du cocuage,
Se faire en galant homme une plus douce image,
Que des coups du hasard aucun n'étant garant,
Cet accident de soi doit être indifférent,
Et qu'enfin tout le mal, [5] quoi que le monde glose,
N'est que dans la façon de recevoir la chose ;
1250 Et [6] pour se bien conduire en ces difficultés,

---

1. Virgule dans l'original. Mais point à la fin du v. 1228 : nous corrigeons. Chrysalde, dans les deux tirades de cette scène, mêle aux prescriptions raisonnables d'une sagesse de la modération et de l'équilibre entre les extrêmes les thèmes et les formes de l'éloge paradoxal du cocuage, d'origine sophistique, d'inspiration facétieuse et de tradition à la fois savante et populaire, entre éloquence parodiée et boniment de tréteaux. Voir notre *Éloge paradoxal de Gorgias à Molière*, PUF, 1997.   **2.** « Alors que d'une injure on veut piquer un homme / C'est un étrange cas que cocu on le nomme. / D'où peut venir cela ? Vu qu'il est évident / Que ce n'est pas un vice, ains est un accident : / Ains est une infortune, une malaventure, / Plus digne de pitié que de blâme et d'injure » Jean Passerat, « Élégie sur le reproche de cocuage et sur la jalousie », *Recueil des œuvres poétiques*, 1606. Rééd. P. Blanchemain, Lemerre, 1880, 3 vol., I, p. 120.   **3.** Selon son humeur, son caprice, la manière dont il lui prend fantaisie de se conduire.   **4.** Thème coutumier de la sophistique moliéresque : *Dépit amoureux*, I, 1, v. 77-81. *Le Cocu imaginaire*, sc. 17, v. 459-464. *Le Mariage forcé*, sc. 6. *La Princesse d'Élide*, I, 2, v. 257-262. *Amphitryon*, II, 10, v. 1890-1913. *Monsieur de Pourceaugnac*, II, 4. *Les Femmes savantes*, V, 1, v. 1543-1548.   **5.** Pas de virgule dans l'original. Ni de point-virgule à la fin du vers suivant.   **6.** 1er tirage : « Car ».

Il y faut comme en tout fuir les extrémités[1],
N'imiter pas ces gens un peu trop débonnaires
Qui tirent vanité de ces sortes d'affaires ;
De leurs femmes toujours vont citant les galants,
En font partout l'éloge, et prônent leurs talents,
Témoignent avec eux d'étroites sympathies,
Sont de tous leurs cadeaux[2], de toutes leurs parties,[3]
Et font qu'avec raison les gens sont étonnés,
De voir leur hardiesse à montrer là leur nez[4].
1260 Ce procédé sans doute est tout à fait blâmable ;
Mais l'autre extrémité n'est pas moins condamnable.[5]
Si je n'approuve pas ces amis des galants,
Je ne suis pas aussi pour ces gens turbulents,
Dont l'imprudent chagrin qui tempête et qui gronde,
Attire au bruit qu'il fait les yeux de tout le monde ;
Et qui par cet éclat semblent ne pas vouloir
Qu'aucun puisse ignorer ce qu'ils peuvent avoir.
Entre ces deux partis il en est un honnête,
Où dans l'occasion l'homme prudent s'arrête,
1270 Et quand on le sait prendre on n'a point à rougir,
Du pis dont une femme avec nous puisse agir.
Quoi qu'on en puisse dire, enfin le cocuage
Sous des traits moins affreux aisément s'envisage :
Et comme je vous dis, toute l'habileté,
Ne va qu'à le savoir tourner du bon côté.

ARNOLPHE
Après ce beau discours toute la confrérie,

---

1. Morale du juste équilibre, d'inspiration aristotélicienne (*Éthique à Nicomaque*) et plus récemment remise en œuvre, entre autres, par les *Essais* de Montaigne. Elle parcourt tout le discours des « raisonneurs » de Molière. Pour évaluer la place singulière de Chrysalde dans ce cortège, voir notre *Molière ou l'esthétique du ridicule*, Klincksieck, 1992, II, II. 2. Voir la note du v. 800.   3. Deux points dans l'original. 4. « Par cornes, on acquiert et crédit et richesses : / Accolades, bonjours, et très humbles caresses : / On fait parler de soi : non pour autre raison / On les plante au portail d'une riche maison. / Car amasser écus, planter plus loin ses bornes, / Trouver beaucoup d'amis, tout cela vient des cornes » Jean Passerat, « La Corne d'abondance », éd. Blanchemain, I, p. 111.   5. Virgule dans l'original.

Doit un remerciement à votre Seigneurie :
Et quiconque voudra vous entendre parler[1],
Montrera de la joie à s'y voir enrôler.

CHRYSALDE

1280 Je ne dis pas cela, car c'est ce que je blâme :
Mais comme c'est le sort qui nous donne une femme,
Je dis que l'on doit faire ainsi qu'au jeu de dés,
Où s'il ne vous vient pas ce que vous demandez,
Il faut jouer d'adresse, et d'une âme réduite[2],
Corriger le hasard par la bonne conduite.

ARNOLPHE

C'est-à-dire dormir, et manger toujours bien,
Et se persuader que tout cela n'est rien.

CHRYSALDE

Vous pensez vous moquer, mais à ne vous rien feindre,
Dans le monde je vois cent choses plus à craindre,
1290 Et dont je me ferais un bien plus grand malheur,
Que de cet accident qui vous fait tant de peur.
Pensez-vous qu'à choisir de deux choses prescrites,
Je n'aimasse pas mieux être ce que vous dites,
Que de me voir mari de ces femmes de bien,
Dont la mauvaise humeur fait un procès sur rien,
Ces dragons de vertu, ces honnêtes Diablesses,
Se retranchant toujours sur leurs sages prouesses,
Qui pour un petit tort qu'elles ne nous font pas,
Prennent droit de traiter les gens de haut en bas,
1300 Et veulent sur le pied de[3] nous être fidèles,

---

1. Quiconque voudra bien se laisser convaincre par vos paroles.
2. « Réduire, se dit figurément en choses morales. Il faut soumettre ses passions et les *réduire* à la raison » (Furetière). Nous corrigeons en virgule le point à la fin du vers précédent. 3. Cette expression revêt deux sens au moins dans la langue classique : elle signifie *en position de* et *sur la base de*. Furetière donne pour exemple de l'un : « on le va voir sur le *pied* de bel esprit », et de l'autre : « on l'a payé sur le *pied* de cent écus de gages ». Molière l'emploie au premier sens dans *Tartuffe* (v. 181 : « Nos troubles l'avaient mis sur le pied d'homme sage » : *ie* en position d'homme sage). Ici, l'une et l'autre acception est recevable. On entendra donc : Et veulent par

Que nous soyons tenus à tout endurer d'elles :
Encore un coup Compère, apprenez qu'en effet,
Le cocuage n'est que ce que l'on le fait,
Qu'on peut le souhaiter pour de certaines causes,
Et qu'il a ses plaisirs comme les autres choses[1].

ARNOLPHE

Si vous êtes d'humeur à vous en contenter ?[2]
Quant à moi, ce n'est pas la mienne d'en tâter ;
Et plutôt que subir une telle aventure...

CHRYSALDE

Mon Dieu ne jurez point de peur d'être parjure ;
1310 Si le sort l'a réglé, vos soins sont superflus,
Et l'on ne prendra pas votre avis là-dessus.

ARNOLPHE

Moi ! je serais cocu ?

CHRYSALDE

                    Vous voilà bien malade,
Mille gens le sont bien sans vous faire bravade,[3]
Qui de mine, de cœur, de biens et de maison,
Ne feraient avec vous nulle comparaison.

ARNOLPHE

Et moi je n'en voudrais avec eux faire aucune :

---

la position que leur confère leur fidélité et à proportion de celle-ci. À noter
que nous avons corrigé en virgule le point à la fin du v. 1295 et ajouté une
virgule à la césure du v. 1296.
   1. Rappelons le Prologue « Des cocus ou de l'utilité des cornes » du farceur Bruscambille louant ces cocus à qui leur patience vaut « une parfaite
habitude, un contentement indicible et une affluence d'honneurs », *Œuvres
de Bruscambille*, 1626, p. 228-229. De même son « Prologue en faveur des
privilèges de Cornouaille », p. 475 et suiv.   2. À l'inverse de l'étroite
association syntaxique entre ce vers et le suivant qu'impose la ponctuation
des éditions modernes (une simple virgule après « contenter »), le point
d'interrogation de l'édition originale constitue indéniablement le v. 1306
en phrase elliptique autonome, de tour exclamatif ou suspensif — au sens
de « si cela vous chante ! », « si cela vous convient... ».   3. Point-virgule
dans l'original.

Mais cette raillerie en un mot m'importune :
Brisons là, s'il vous plaît.

CHRYSALDE

           Vous êtes en courroux,
Nous en saurons la cause ; Adieu souvenez-vous,
1320 Quoi que sur ce sujet votre honneur vous inspire,
Que c'est être à demi ce que l'on vient de dire,[1]
Que de vouloir jurer qu'on ne le sera pas.

ARNOLPHE

Moi ! je le jure encore, et je vais de ce pas,
Contre cet accident trouver un bon remède[2].

Scène 9

ALAIN, GEORGETTE, ARNOLPHE

ARNOLPHE

Mes amis, c'est ici que j'implore votre aide,
Je suis édifié de votre affection ;
Mais il faut qu'elle éclate en cette occasion :
Et si vous m'y servez selon ma confiance,
Vous êtes assurés de votre récompense.
1330 L'homme que vous savez, n'en faites point de bruit,
Veut comme je l'ai su m'attraper cette nuit,
Dans la chambre d'Agnès entrer par escalade,

---

1. Deux points dans l'original. Nous corrigeons, parce qu'au regard de l'usage moderne, cette ponctuation suggère fallacieusement que le v. 1322 exprime le contenu du « dire », alors que sans conteste il constitue le thème d'une construction clivée dont le rhème est exprimé par le vers précédent. Nous avons changé aussi en virgule le point-virgule à la fin du v. 1319.   **2.** *Il court heurter à sa porte* (1734). Rappelons que cette scène donnera matière à Bossuet, dans ses *Maximes et réflexions sur la comédie* (1694), pour condamner l'immoralité de Molière laudateur du cocuage, en affectant de prendre au premier degré ces préceptes paradoxaux. Cela dit, il n'est pas impensable que Bossuet ne fût pour cette fois sincère — et donc sincèrement obtus.

Mais il lui faut nous trois dresser une embuscade. [1]
Je veux que vous preniez chacun un bon bâton,
Et, quand il sera près du dernier échelon, [2]
Car dans le temps qu'il faut j'ouvrirai la fenêtre,
Que tous deux, à l'envi, vous me chargiez [3] ce traître :
Mais d'un air dont son dos garde le souvenir,
Et qui lui puisse apprendre à n'y plus revenir,
1340 Sans me nommer pourtant en aucune manière,
Ni faire aucun semblant que je serai derrière.
Aurez-vous bien l'esprit de servir mon courroux ?

ALAIN

S'il ne tient qu'à frapper, mon Dieu [4], tout est à nous.
Vous verrez, quand je bats, si j'y vais de main morte.

GEORGETTE

La mienne, quoique aux yeux, elle semble moins forte [5],
N'en quitte pas sa part à le bien étriller.

ARNOLPHE

Rentrez donc, et surtout gardez de babiller ;
Voilà pour le prochain une leçon utile,
Et si tous les Maris qui sont en cette Ville,
1350 De leurs Femmes ainsi recevaient le Galant,
Le nombre des Cocus ne serait pas si grand.

---

1. Virgule dans l'original.   2. Point-virgule dans l'original.
3. « Charger, en termes de Guerre, signifie, Attaquer l'ennemi, le battre, le défaire. [...] se dit aussi des querelles particulières. Il souffrit quelque temps les reproches de son adversaire, mais enfin il le *chargea* de coups, il le *chargea* de bois, pour dire, qu'il lui donna des coups de bâton » (Furetière).   4. 1er tirage : « Monsieur ».   5. 1er tirage : « quoique aux yeux elle n'est pas si forte ». La correction a peut-être visé à remplacer l'indicatif par une forme indistinctement indicative et subjonctive. Pourtant, l'indicatif est encore admis dans la concessive au XVIIe siècle : la subordonnée est alors sentie comme une énonciation autonome, détachée de l'assertion principale. Même Ménage qui condamne cette licence admise par Vaugelas la tolère quand, comme ici, le connecteur et le verbe sont séparés par un constituant de la phrase (« aux yeux »). Voir N. Fournier, *Grammaire du français classique*, § 535.

ACTE V

Scène 1

ALAIN, GEORGETTE, ARNOLPHE

ARNOLPHE

Traîtres, qu'avez-vous fait par cette violence ?

ALAIN

Nous vous avons rendu, Monsieur, obéissance.

ARNOLPHE

De cette excuse en vain vous voulez vous armer.
L'ordre était de le battre, et non de l'assommer ;
Et c'était sur le dos, et non pas sur la tête,
Que j'avais commandé qu'on fît choir la tempête.
Ciel ! dans quel accident me jette ici le sort ?
Et que puis-je résoudre à voir cet homme mort ?
1360 Rentrez dans la maison ; et gardez de rien dire
De cet ordre innocent que j'ai pu vous prescrire.
Le jour s'en va paraître, et je vais consulter [1]
Comment dans ce malheur je me dois comporter.
Hélas ! que deviendrai-je ? et que dira le père,
Lorsque inopinément il saura cette affaire ?

---

1. Cette décision de consulter un juriste offre prétexte à éloigner
Alain et Georgette tout en laissant Arnolphe dans la rue où il pourra
rencontrer Horace : conciliation entre l'exigence de vraisemblance et
les impératifs de l'unité de lieu.

Scène 2

HORACE, ARNOLPHE

HORACE

Il faut que j'aille un peu reconnaître qui c'est.

ARNOLPHE

Eût-on jamais prévu... [1] Qui va là ? s'il vous plaît.

HORACE

C'est vous, Seigneur Arnolphe ? [2]

ARNOLPHE

Oui ; mais vous...

HORACE

C'est Horace.

Je m'en allais chez vous, vous prier d'une grâce,
1370 Vous sortez bien matin.

ARNOLPHE, *bas.*

Quelle confusion !
Est-ce un enchantement ? est-ce une illusion ?

HORACE

J'étais, à dire vrai, dans une grande peine ;
Et je bénis du Ciel la bonté souveraine
Qui fait qu'à point nommé je vous rencontre ainsi.
Je viens vous avertir que tout a réussi,
Et même beaucoup plus que je n'eusse osé dire ;
Et par un incident qui devait tout détruire.
Je ne sais point par où l'on a pu soupçonner
Cette assignation qu'on m'avait su donner [3] :
1380 Mais étant sur le point d'atteindre à la fenêtre

---

1. *Heurté par Horace qu'il ne reconnaît pas* (1734).   2. Nous changeons le point en point d'interrogation.   3. Le rendez-vous qu'Agnès lui avait donné.

J'ai, contre mon espoir, vu quelques gens paraître,
Qui sur moi brusquement levant chacun le bras
M'ont fait manquer le pied et tomber jusqu'en bas ;
Et ma chute aux dépens de quelque meurtrissure,
De vingt coups de bâton m'a sauvé l'aventure.
Ces gens-là, dont était je pense mon jaloux,
Ont imputé ma chute à l'effort de leurs coups,
Et comme la douleur un assez long espace
M'a fait sans remuer demeurer sur la place,
1390 Ils ont cru tout de bon qu'ils m'avaient assommé,
Et chacun d'eux s'en est aussitôt alarmé.
J'entendais tout leur bruit dans le profond silence,
L'un l'autre ils s'accusaient de cette violence,
Et sans lumière aucune en querellant le sort,
Sont venus doucement tâter si j'étais mort.
Je vous laisse à penser si dans la nuit obscure,
J'ai d'un vrai trépassé su tenir la figure.
Ils se sont retirés avec beaucoup d'effroi ;
Et comme je songeais à me retirer moi,
1400 De cette feinte mort la jeune Agnès émue
Avec empressement est devers moi venue :
Car les discours qu'entre eux ces gens avaient tenus,
Jusques à son oreille étaient d'abord venus,
Et pendant tout ce trouble étant moins observée,
Du logis aisément elle s'était sauvée.
Mais me trouvant sans mal elle a fait éclater
Un transport [1] difficile à bien représenter.
Que vous dirai-je ? enfin cette aimable personne
A suivi les conseils que son amour lui donne, [2]
1410 N'a plus voulu songer à retourner chez soi,
Et de tout son destin s'est commise à ma foi.
Considérez un peu par ce trait d'innocence,

---

1. « Transport, se dit aussi figurément en choses morales, du trouble ou de l'agitation de l'âme par la violence des passions » (Furetière).   2. Point dans l'original.

Où l'expose d'un fou la haute impertinence[1] ;
Et quels fâcheux périls elle pourrait courir,
Si j'étais maintenant homme à la moins chérir ?
Mais d'un trop pur amour mon âme est embrasée,
J'aimerais mieux mourir que l'avoir abusée.
Je lui vois des appas dignes d'un autre sort,
Et rien ne m'en saurait séparer que la mort.
1420 Je prévois là-dessus l'emportement d'un père :
Mais nous prendrons le temps d'apaiser sa colère.
À des charmes si doux je me laisse emporter,
Et dans la vie, enfin, il se faut contenter.
Ce que je veux de vous sous un secret fidèle,
C'est que je puisse mettre en vos mains cette Belle,
Que dans votre maison[2], en faveur de mes feux,
Vous lui donniez retraite au moins un jour ou deux.
Outre qu'aux yeux du monde il faut cacher sa fuite,
Et qu'on en pourra faire une exacte poursuite[3],
1430 Vous savez qu'une fille aussi de sa façon
Donne avec un jeune homme un étrange soupçon.
Et comme c'est à vous, sûr de votre prudence,
Que j'ai fait de mes feux entière confidence,
C'est à vous seul aussi comme ami généreux
Que je puis confier ce dépôt amoureux.

ARNOLPHE

Je suis, n'en doutez point, tout à votre service.

HORACE

Vous voulez bien me rendre un si charmant office ?[4]

---

1. « Impertinence. s. f. Action ou parole sotte, ou déraisonnable » (Furetière). Nous ajoutons à l'original une virgule après « innocence » pour éviter que l'adverbe percontatif « où » n'apparaisse fallacieusement comme un pronom relatif. Cet usage original de « où » (on écrirait aujourd'hui : « à quoi ») témoigne de la très grande liberté syntaxique et sémantique de cet adverbe dans la langue classique. Voir N. Fournier, *Grammaire du français classique*, § 314.   **2.** Celle qu'évoque le v. 254.   **3.** Traque minutieuse ou enquête poussée jusqu'au détail (pour savoir si l'honneur de la fille a été préservé par le « ravisseur »), on hésite, même au vu du contexte, à choisir entre les deux sens également recevables. Nous ajoutons la virgule.
4. Simple point dans l'original.

ARNOLPHE

Très volontiers, vous dis-je, et je me sens ravir
De cette occasion que j'ai de vous servir.
1440 Je rends grâces au Ciel de ce qu'il me l'envoie,
Et n'ai jamais rien fait avec si grande joie[1].

HORACE

Que je suis redevable à toutes vos bontés !
J'avais de votre part craint des difficultés :
Mais vous êtes du monde, et dans votre sagesse
Vous savez excuser le feu de la jeunesse.[2]
Un de mes gens la garde au coin de ce détour.

ARNOLPHE

Mais comment ferons-nous ? car il fait un peu jour ;
Si je la prends ici, l'on me verra, peut-être,
Et s'il faut que chez moi vous veniez à paraître,
1450 Des valets causeront. Pour jouer au plus sûr,
Il faut me l'amener dans un lieu plus obscur.[3]
Mon allée[4] est commode, et je l'y vais attendre.

---

1. Nouvel exemple de ces effets de double sens (ici ironique) dont la pièce parcourt le spectre presque intégralement. Tramée par un réseau de communications et d'échanges, l'intrigue de *L'École des femmes* est tissée de doubles discours, d'interférences et de surdités que distribue le babillage irrépressible d'Horace entre le mutisme progressivement corrigé d'Agnès et celui, grandissant, d'Arnolphe (de *ouf* en *ouf*, v. 572 et 1764). **2.** Virgule dans l'original. **3.** Virgule dans l'original. **4.** « Allée, signifie aussi, une séparation, un corridor dans des bâtiments, par où on va d'un lieu à un autre.[...] Se dit aussi des lieux où on se peut promener, soit dans un jardin, soit dans la campagne, qui est ordinairement bordée d'arbres des deux côtés » (Furetière). Les commentateurs ont hésité entre les deux sens. Le seul indice textuel, en l'occurrence, c'est la présence d'une « porte » (v. 1461) ouvrant sur cette « allée » : il s'agit donc d'un corridor ou d'une promenade arborée dans un jardin clos. Puisque aucune précision n'a été donnée jusqu'ici sur la localisation de la maison « officielle » d'Arnolphe par rapport au logis secret d'où Horace vient d'enlever Agnès, il est loisible d'imaginer : soit que les deux demeures se jouxtent ou se font face sur la place que figure la scène ; soit qu'une allée de jardin dont la porte donne sur cette place mène à l'arrière de la maison ordinaire d'Arnolphe. Le Mémoire du décorateur Michel Laurent (voir notre Commentaire, p. 169) incite à pencher pour la première hypothèse : « Théâtre est deux maisons sur le devant, et le reste

HORACE

Ce sont précautions qu'il est fort bon de prendre.
Pour moi je ne ferai que vous la mettre en main,
Et chez moi sans éclat je retourne soudain.

ARNOLPHE, *seul.*

Ah fortune ! ce trait d'aventure propice,
Répare tous les maux que m'a faits ton caprice[1].

Scène 3

AGNÈS, ARNOLPHE, HORACE

HORACE[2]

Ne soyez point en peine, où je vais vous mener,
C'est un logement sûr que je vais vous donner.
1460 Vous loger avec moi ce serait tout détruire,
Entrez dans cette porte, et laissez-vous conduire.

Arnolphe lui prend la main sans qu'elle le connaisse.

AGNÈS

Pourquoi me quittez-vous[3] ?

HORACE

                              Chère Agnès, il le faut.

AGNÈS

Songez donc, je vous prie, à revenir bientôt.

---

est une place de ville. » Deux maisons se font face, l'une où vit
Arnolphe et dans « l'allée » de laquelle il va attendre Agnès, l'autre
d'où Horace l'a tirée et où le barbon va la ramener de force (v. 1482-
1484). Telle est l'hypothèse la plus plausible. L'« allée » sera donc supposée corridor, entrée obscure d'une maison de ville.
   1. *Il s'enveloppe le nez dans son manteau* (1734).   **2.** *À Agnès*
(1734).   **3.** Ici commence le seul dialogue de la pièce entre les
amants.

HORACE

J'en suis assez pressé par ma flamme amoureuse.

AGNÈS

Quand je ne vous vois point, je ne suis point joyeuse.

HORACE

Hors de votre présence on me voit triste aussi.

AGNÈS

Hélas ! s'il était vrai, vous resteriez ici.

HORACE

Quoi ! vous pourriez douter de mon amour extrême ?

AGNÈS

Non, vous ne m'aimez pas autant que je vous aime.

Arnolphe la tire.

1470 Ah l'on me tire trop !

HORACE

C'est qu'il est dangereux,
Chère Agnès, qu'en ce lieu nous soyons vus tous deux,
Et le parfait ami, de qui la main vous presse,
Suit le zèle prudent qui pour nous l'intéresse.

AGNÈS

Mais suivre un inconnu que...

HORACE

N'appréhendez rien,
Entre de telles mains vous ne serez que bien.

AGNÈS

Je me trouverais mieux entre celles d'Horace.
Et j'aurais...[1]

---

1. Le premier tirage attribue cette réplique à Horace.

À Arnolphe qui la tire encore.

    Attendez.

HORACE
    Adieu, le jour me chasse.

AGNÈS
Quand vous verrai-je donc ?

HORACE
    Bientôt assurément.

AGNÈS
Que je vais m'ennuyer jusques à ce moment[1] !

HORACE[2]
1480 Grâce au Ciel, mon bonheur n'est plus en concurrence,
Et je puis maintenant dormir en assurance.

Scène 4

ARNOLPHE, AGNÈS

ARNOLPHE, *le nez dans son manteau*[3].
Venez, ce n'est pas là que je vous logerai,
Et votre gîte ailleurs est par moi préparé,
Je prétends en lieu sûr mettre votre personne.
Me connaissez-vous ?

AGNÈS, *le reconnaissant.*
    Hay.

ARNOLPHE
    Mon visage, Friponne,

---

1. À comparer aux v. 242 et 464.   **2.** *En s'en allant* (1734).
3. *Caché dans son manteau et déguisant sa voix* (1734).

Dans cette occasion rend vos sens effrayés,
Et c'est à contrecœur qu'ici vous me voyez ;
Je trouble en ses projets l'amour qui vous possède. [1]

Agnès regarde si elle ne verra point Horace.

N'appelez point des yeux le Galant à votre aide,
1490 Il est trop éloigné pour vous donner secours.
Ah, ah, si jeune encor, vous jouez de ces tours,
Votre simplicité, qui semble sans pareille,
Demande si l'on fait les Enfants par l'oreille,
Et vous savez donner des rendez-vous la nuit,
Et pour suivre un Galant vous évader sans bruit.
Tudieu ? comme avec lui votre langue cajole [2] ;
Il faut qu'on vous ait mise à quelque bonne école [3].
Qui diantre tout d'un coup vous en a tant appris ?
Vous ne craignez donc plus de trouver des Esprits ?
1500 Et ce Galant la nuit vous a donc enhardie ? [4]
Ah, Coquine, en venir à cette perfidie ;
Malgré tous mes bienfaits former un tel dessein,
Petit serpent que j'ai réchauffé dans mon sein,
Et qui dès qu'il se sent par une humeur ingrate
Cherche à faire du mal à celui qui le flatte [5] !

AGNÈS
Pourquoi me criez-vous [6] ?

---

1. Virgule dans l'original. De même à la fin du v. 1490.   2. « Cajo-
ler. v. act. Il s'est dit originairement au propre des enfants qui apprennent
à parler. Les pères prennent plaisir à entendre leurs enfants quand ils *cajo-
lent*. Ce mot vient apparemment de *cage*, qui est le lieu où on apprend à
parler aux oiseaux » (Furetière). Ce sens se superpose sans doute ici à
celui, alors plus usité, de « dire des douceurs et des flatteries »
(id.).   3. Nouvelle allusion au thème qui fait le titre de l'œuvre (cf.
v. 900).   4. Simple point dans l'original. De même plus bas, à la fin du
v. 1505.   5. Allusion à la fable ésopique du Laboureur et du Serpent
gelé, devenue topique : « On dit d'un ingrat qu'on a élevé, que c'est un
serpent qu'on a nourri dans son sein » (Furetière).   6. « Crier, signifie
encore, Quereller, et gronder ou réprimander ses inférieurs. [...] Cet
homme ne peut garder de valets, il les *crie* trop » (Furetière). Construction
déjà rare, aujourd'hui inusitée, de « crier » transitif avec un complément
d'objet humain.

ARNOLPHE

J'ai grand tort en effet.

AGNÈS

Je n'entends [1] point de mal dans tout ce que j'ai fait.

ARNOLPHE

Suivre un Galant n'est pas une action infâme ?

AGNÈS

C'est un homme qui dit qu'il me veut pour sa femme ;
1510 J'ai suivi vos leçons, et vous m'avez prêché
Qu'il se faut marier pour ôter le péché.

ARNOLPHE

Oui, mais pour femme moi je prétendais vous prendre,
Et je vous l'avais fait, me semble [2], assez entendre.

AGNÈS

Oui, mais à vous parler franchement entre nous,
Il est plus pour cela selon mon goût que vous ; [3]

---

1. Je ne conçois, je ne vois.   2. Ellipse déjà vieillie du clitique
impersonnel, par extension peut-être de l'usage plus couramment maintenu lorsque le verbe « sembler » remplit la fonction d'auxiliaire modal.
Voir N. Fournier, *Grammaire du français classique*, § 4-5.
3. La ponctuation originale de ce vers : « Il est plus pour cela, selon
mon goût, que vous ; » induit au contresens. Le vers veut dire, à l'évidence, qu'Horace est plus qu'Arnolphe selon le goût d'Agnès — cor-
respond mieux au goût d'Agnès qu'Arnolphe — pour s'en faire un
mari. L'expression « selon mon goût » remplit donc la fonction grammaticale de locatif : rappelons que l'on désigne par locatif un complément du verbe *être* à la fois prépositionnel et essentiel, dénotant une
localisation notionnelle du sujet : *Arnolphe est à Paris, chez lui, en colère.*
En détachant la formule « selon mon goût » par des virgules, on suggère indûment pour signification du vers : Il est plus pour cela que
vous, à mon goût — interprétation irrecevable. Bref, la mise en forme
du texte a dépendu ici du réflexe mécanique d'un prote obtus, habitué
à concevoir l'expression « selon mon goût » comme un circonstant sup-
pressible, et nullement de l'intention du poète dramatique, qui en a
fait ici un complément essentiel. C'est dire combien demeure fragile
et discutable le principe du respect systématique de la ponctuation
originale auquel nous sacrifions par hypothèse.

Chez vous le mariage est fâcheux et pénible,
Et vos discours en font une image terrible :
Mais las ! il le fait lui si rempli de plaisirs,
Que de se marier il donne des désirs.

ARNOLPHE

1520 Ah, c'est que vous l'aimez, traîtresse.

AGNÈS

Oui je l'aime.

ARNOLPHE

Et vous avez le front de le dire à moi-même ?

AGNÈS

Et pourquoi s'il est vrai, ne le dirais-je pas ?

ARNOLPHE

Le deviez-vous aimer ? Impertinente.

AGNÈS

Hélas !

Est-ce que j'en puis mais [1] ? lui seul en est la cause,
Et je n'y songeais pas lorsque se fit la chose.

ARNOLPHE

Mais il fallait chasser cet amoureux désir.

AGNÈS

Le moyen de chasser ce qui fait du plaisir ? [2]

---

1. « Mais, est aussi adverbe en cette phrase : Je n'en puis *mais*, pour
dire, Je n'en suis pas cause, j'en suis innocent, je n'en suis pas respon-
sable » (Furetière).   2. Simple point dans l'original. De même au
v. 1531. Non qu'il s'agisse de phrases assertives : leur caractère interrogatif ne fait pas de doute. Mais l'intonation non conclusive n'est pas
toujours marquée au XVIIe siècle par la présence du point d'interrogation. Nous le rétablissons pour la bonne compréhension du texte. Voir
N. Fournier, *Grammaire du français classique*, § 164.

ARNOLPHE
Et ne saviez-vous pas que c'était me déplaire ?

AGNÈS
Moi, point du tout, quel mal cela vous peut-il faire ?

ARNOLPHE
1530 Il est vrai, j'ai sujet d'en être réjoui.
Vous ne m'aimez donc pas, à ce compte ?

AGNÈS
                                             Vous ?

ARNOLPHE
                                              Oui.

AGNÈS
Hélas [1], non.

ARNOLPHE
Comment, non ?

AGNÈS
                              Voulez-vous que je mente ?

ARNOLPHE
Pourquoi ne m'aimer pas, Madame l'impudente ?

AGNÈS
Mon dieu, ce n'est pas moi que vous devez blâmer ;
Que ne vous êtes-vous comme lui fait aimer ?
Je ne vous en ai pas empêché, que je pense [2].

---

1. Non pas au sens plein de « malheureusement », mais comme
expression d'une évidence affaiblie et compensée de bénignité et de
soumission — comme l'on dirait : « mon Dieu, non », « ma foi, non ».
Voir la note du v. 625. Nous avons changé en interrogation la précédente réplique d'Agnès (simple point dans l'original).   2. Voir la
note du vers 199.

ARNOLPHE

Je m'y suis efforcé de toute ma puissance ;
Mais les soins que j'ai pris, je les ai perdus tous.

AGNÈS

Vraiment il en sait donc là-dessus plus que vous ;
1540 Car à se faire aimer il n'a point eu de peine.

ARNOLPHE

Voyez comme raisonne et répond la vilaine[1].
Peste, une Précieuse en dirait-elle plus ?
Ah ! je l'ai mal connue, ou ma foi là-dessus
Une sotte en sait plus que le plus habile homme ;
Puisque en raisonnement votre esprit se consomme[2],
La belle raisonneuse, est-ce qu'un si long temps
Je vous aurai pour lui nourrie à mes dépens ?

AGNÈS

Non, il vous rendra tout jusques au dernier double[3].

ARNOLPHE

Elle a de certains mots où mon dépit redouble.[4]
1550 Me rendra-t-il, coquine, avec tout son pouvoir
Les obligations que vous pouvez m'avoir ?

---

1. La présence de « Précieuse » au vers suivant a conduit certains commentateurs à identifier ici « vilaine » à « paysanne ». Mais outre la dissemblance introduite par l'usage de la majuscule à l'un et non à l'autre terme, indice il est vrai fragile, la latitude de sens que revêt au XVIIᵉ siècle déjà le qualificatif « vilain », entre impertinence, sottise, laideur, folie et désagrément, voire prostitution (!), incline à y voir plutôt l'expression vague et décolorée, quoique violente et arrogante, du blâme : « Il se peut dire de presque toutes les choses », précise Furetière. Cette hypothèse paraît d'autre part confirmée par la première occurrence du qualificatif au v. 719.   2. Puisque votre esprit excelle à contredire. « Consommer. Mettre dans sa dernière perfection » (Richelet). « Consommé, signifie encore, Parfait, très-profond. C'est un homme *consommé* en vertu, en science, en expérience » (Furetière). « Raisonner, signifie aussi, Faire des difficultés, des objections, des répliques pour se dispenser d'obéir » (*id.*).   3. « Double. s. m. Petite monnaie de cuivre valant deux deniers. Il sert à exagérer la pauvreté » (Furetière).   4. Virgule dans l'original.

Agnès

Je ne vous en ai pas de si grandes qu'on pense.

Arnolphe

N'est-ce rien que les soins d'élever votre enfance ?

Agnès

Vous avez là-dedans bien opéré vraiment,
Et m'avez fait en tout instruire joliment,
Croit-on que je me flatte, et qu'enfin dans ma tête
Je ne juge pas bien que je suis une bête ?
Moi-même j'en ai honte, et dans l'âge où je suis
Je ne veux plus passer pour sotte, si je puis.

Arnolphe

1560 Vous fuyez l'ignorance, et voulez, quoi qu'il coûte,
Apprendre du blondin quelque chose.

Agnès

                                    Sans doute,
C'est de lui que je sais ce que je puis savoir,
Et beaucoup plus qu'à vous je pense lui devoir.

Arnolphe

Je ne sais qui[1] me tient qu'avec une gourmade[2]
Ma main de ce discours ne venge la bravade.
J'enrage quand je vois sa piquante froideur,
Et quelques coups de poing satisferaient mon cœur.[3]

Agnès

Hélas, vous le pouvez, si cela peut vous plaire.

---

1. Au XVIIe siècle, « qui » percontatif en fonction de sujet peut référer au non humain, même si le supplétisme « ce qui » est déjà usuel. N. Fournier, *Grammaire du français classique*, § 299.   2. « Gourmade. subst. fém. Coup de poing donné en se battant » (Furetière).   3. Point-virgule erroné dans l'original.

Arnolphe

Ce mot, et ce regard désarme ma colère,
1570 Et produit[1] un retour de tendresse de cœur,
Qui de son action m'efface la noirceur.
Chose étrange ! d'aimer, et que pour ces traîtresses
Les hommes soient sujets à de telles faiblesses.[2]
Tout le monde connaît leur imperfection.
Ce n'est qu'extravagance, et qu'indiscrétion ;
Leur esprit est méchant, et leur âme fragile,
Il n'est rien de plus faible et de plus imbécile[3] ;
Rien de plus infidèle, et malgré tout cela
Dans le monde on fait tout pour ces animaux-là.
1580 Hé bien, faisons la paix, va petite traîtresse,
Je te pardonne tout, et te rends ma tendresse ;
Considère par là l'amour que j'ai pour toi,
Et me voyant si bon, en revanche aime-moi.

Agnès

Du meilleur de mon cœur, je voudrais vous complaire,
Que me coûterait-il, si je le pouvais faire ?

Arnolphe

Mon pauvre petit bec[4], tu le peux, si tu veux,

Il fait un soupir.

Écoute seulement ce soupir amoureux,
Vois ce regard mourant, contemple ma personne,
Et quitte ce morveux, et l'amour qu'il te donne ;

---

1. Exemple, usuel au XVIIᵉ siècle, de syllepse du nombre pour l'accord du verbe avec des sujets coordonnés, sinon « synonymes et approchants », comme le voulait Vaugelas, du moins regroupés en un rapport de sens global avec le prédicat : mot et regard constituent la *réponse* d'Agnès à Arnolphe. Voir N. Fournier, *Grammaire du français classique*, § 21. À noter que l'original donnait « désarment », incompatible avec « produit ». Le singulier est rétabli par le second tirage. **2.** Virgule dans l'original. **3.** Au sens étymologique de « faible, sans vigueur » (Furetière). **4.** Hypocoristique formé par conjonction d'une métaphore (*bec* pour *bouche*) et d'une métonymie (*bouche* pour *visage*, et de là l'être entier). Équivaudrait aujourd'hui à quelque chose comme « mon pauvre petit minois ». On se rappelle « Le Pâté d'anguille » de La Fontaine : « Un sien valet avait pour femme / Un petit bec assez mignon ». *Nouveaux contes*, 1674, v. 24-25.

1590 C'est quelque sort qu'il faut qu'il ait jeté sur toi,
Et tu seras cent fois plus heureuse avec moi.
Ta forte passion est d'être brave et leste [1],
Tu le seras toujours, va, je te le proteste ;
Sans cesse nuit et jour je te caresserai,
Je te bouchonnerai, baiserai, mangerai ;
Tout comme tu voudras, tu pourras te conduire,
Je ne m'explique point, et cela c'est tout dire [2].

À part.

Jusqu'où la passion peut-elle faire aller ?
Enfin à mon amour rien ne peut s'égaler ;
1600 Quelle preuve veux-tu que je t'en donne, ingrate ?
Me veux-tu voir pleurer ? veux-tu que je me batte ?
Veux-tu que je m'arrache un côté de cheveux [3] ?
Veux-tu que je me tue ? oui, dis si tu le veux,
Je suis tout prêt, cruelle, à te prouver ma flamme.

AGNÈS

Tenez, tous vos discours ne me touchent point l'âme.
Horace avec deux mots en ferait plus que vous.

ARNOLPHE

Ah ! c'est trop me braver, trop pousser mon courroux.
Je suivrai mon dessein, bête trop indocile,

---

1. « Brave, signifie aussi une personne bien vêtue. » « Leste. adj. m.
et f. Qui est brave, en bon état et en bon équipage pour paraître »
(Furetière). Reniant une leçon essentielle des *Maximes du mariage*,
Arnolphe promet à Agnès parures, fards et bijoux, et donc les divertissements qui s'y associent. Nous avons ajouté la ponctuation à la fin
du v. 1595.   2. Arnolphe, ravalant sa hantise du cocuage, accepte
tacitement de se laisser tromper. D'où son commentaire en aparté.
3. Dans sa « Métamorphose d'un homme en oiseau », Passerat décrit
un mari qui se faisait volontiers, comme Arnolphe, « sermonneur, /
Qui ne prêchait que vertu, et qu'honneur, / Que bon renom : c'était
tout son langage, / Qu'il faut garder la foi en mariage : / Que du logis
femme ne doit sortir / Sans son mari ». Immanquablement cocufié, « il
arrachait sa barbe et ses cheveux », comme le propose ici le barbon de
Molière, et « remplissait l'air de regrets et de vœux ». Il finira, dans la
tradition des métamorphoses burlesques, transformé en coucou (*op.
cit.*, rééd. Blanchemain, I, p. 33-37).

Et vous dénicherez à l'instant de la Ville ;
1610 Vous rebutez mes vœux, et me mettez à bout ;
Mais un cul de Couvent[1] me vengera de tout.

Scène 5
ALAIN, ARNOLPHE[2]

ALAIN

Je ne sais ce que c'est, Monsieur, mais il me semble
Qu'Agnès et le corps mort s'en sont allés ensemble.

ARNOLPHE

La voici ; dans ma chambre allez me la nicher,
Ce ne sera pas là qu'il la viendra chercher,
Et puis c'est seulement pour une demi-heure,
Je vais pour lui donner une sûre demeure
Trouver une voiture ; enfermez-vous des mieux,
Et surtout gardez-vous de la quitter des yeux :
1620 Peut-être que son âme étant dépaysée
Pourra de cet amour être désabusée.

Scène 6
ARNOLPHE, HORACE

HORACE

Ah ! je viens vous trouver accablé de douleur,

---

1. « On appelle [...] un *cul* de Couvent, le lieu le mieux gardé, le plus resserré d'un Couvent. » « On dit en menaçant une fille désobéissante, qu'on la mettra dans le cul d'un *Couvent*, pour dire, qu'on la fera religieuse malgré elle ; qu'il faut qu'elle épouse le parti qu'on lui propose, ou un *Couvent* » (Furetière). 2. AGNÈS (1734).

Le Ciel, Seigneur Arnolphe, a conclu [1] mon malheur,
Et par un trait fatal d'une injustice extrême
On me veut arracher de la beauté que j'aime.
Pour arriver ici mon père a pris le frais [2],
J'ai trouvé qu'il mettait pied à terre ici près,
Et la cause en un mot d'une telle venue,
Qui, comme je disais, ne m'était pas connue,
1630 C'est qu'il m'a marié sans m'en récrire [3] rien,
Et qu'il vient en ces lieux célébrer ce lien.
Jugez, en prenant part à mon inquiétude,
S'il pouvait m'arriver un contretemps plus rude ;
Cet Enrique, dont hier je m'informais à vous,
Cause tout le malheur dont je ressens les coups ;
Il vient avec mon père achever ma ruine,
Et c'est sa fille unique à qui l'on me destine.
J'ai dès leurs premiers mots pensé m'évanouir,
Et d'abord [4] sans vouloir plus longtemps les ouïr,
1640 Mon père ayant parlé de vous rendre visite
L'esprit plein de frayeur, je l'ai devancé vite :
De grâce, gardez-vous de lui rien découvrir
De mon engagement, qui le pourrait aigrir,
Et tâchez, comme en vous il prend grande créance,
De le dissuader de cette autre alliance.

ARNOLPHE

Oui-da.

HORACE

Conseillez-lui de différer un peu,
Et rendez en ami ce service à mon feu.

---

1. Décidé. « Arrêter une chose, la résoudre, promettre de l'accomplir » (Furetière).   2. On peut entendre qu'il a choisi les heures fraîches de la journée ou qu'il a fait aux relais de poste le choix de chevaux frais. Comme le contexte semble indiquer que son arrivée est plus rapide que prévue, on penchera pour la seconde interprétation, mais sans confirmation sur l'existence de l'expression dans la langue classique.   3. Voir la note 1 de notre « Note sur la présente édition », p. 37.   4. D'emblée (cf. v. 894). Nous changeons en virgule le point-virgule à la fin du vers.

ARNOLPHE

Je n'y manquerai pas.

HORACE

C'est en vous que j'espère.

ARNOLPHE

Fort bien.

HORACE

Et je vous tiens mon véritable père ;
1650 Dites-lui que mon âge... ah ! je le vois venir,
Écoutez les raisons que je vous puis fournir.

Ils demeurent en un coin du Théâtre.

Scène 7

ENRIQUE, ORONTE, CHRYSALDE, HORACE, ARNOLPHE

ENRIQUE, *à Chrysalde.*

Aussitôt qu'à mes yeux je vous ai vu paraître,
Quand on ne m'eût rien dit j'aurais su vous connaître ;
Je vous vois tous les traits de cette aimable sœur,
Dont l'hymen autrefois m'avait fait possesseur ;
Et je serais heureux, si la Parque cruelle
M'eût laissé ramener cette épouse fidèle,
Pour jouir avec moi des sensibles douceurs
De revoir tous les siens après nos longs malheurs :
1660 Mais puisque du destin la fatale puissance
Nous prive pour jamais de sa chère présence,
Tâchons de nous résoudre, et de nous contenter
Du seul fruit amoureux qui m'en est pu rester [1],
Il vous touche de près. Et sans votre suffrage
J'aurais tort de vouloir disposer de ce gage ;
Le choix du fils d'Oronte est glorieux de soi,

---

1. Cf. v. 968 ci-dessus. Les vers 1664-1667 étaient omis à la représentation (d'après l'éd. de 1682).

Mais il faut que ce choix vous plaise comme à moi.

CHRYSALDE

C'est de mon jugement avoir mauvaise estime,
Que douter si j'approuve un choix si légitime.

ARNOLPHE, *à Horace.*
1670 Oui, je vais vous servir de la bonne façon.

HORACE

Gardez encor un coup [1]...

ARNOLPHE
                    N'ayez aucun soupçon [2].

ORONTE, *à Arnolphe.*
Ah ! que cette embrassade est pleine de tendresse.

ARNOLPHE

Que je sens à vous voir une grande allégresse.

ORONTE

Je suis ici venu...

ARNOLPHE
                    Sans m'en faire récit,
Je sais ce qui vous mène.

ORONTE
                    On vous l'a déjà dit ? [3]

ARNOLPHE

Oui.

---

1. Prenez garde, je vous le répète une fois encore, de... Prolonge le
propos du v. 1651.   2. *Arnolphe quitte Horace pour aller embrasser
Oronte* (1734). Nous avons corrigé la ponctuation erronée (deux
points) du v. 1669.   3. Notre point d'interrogation.

ORONTE

Tant mieux.

ARNOLPHE

         Votre fils à cet hymen résiste,
Et son cœur prévenu n'y voit rien que de triste,
Il m'a même prié de vous en détourner ;
Et moi tout le conseil que je vous puis donner,
1680 C'est de ne pas souffrir que ce nœud se diffère,
Et de faire valoir l'autorité de père ;
Il faut avec vigueur ranger [1] les jeunes gens,
Et nous faisons contre [2] eux à leur être indulgents.

HORACE

Ah traître !

CHRYSALDE

         Si son cœur a quelque répugnance,
Je tiens qu'on ne doit pas lui faire violence [3] ;
Mon frère [4], que je crois, sera de mon avis.

ARNOLPHE

Quoi ! se laissera-t-il gouverner par son fils ?
Est-ce que vous voulez qu'un père ait la mollesse
De ne savoir pas faire obéir la jeunesse ?
1690 Il serait beau, vraiment, qu'on le vît aujourd'hui
Prendre loi de qui doit la recevoir de lui.
Non, non, c'est mon intime, et sa gloire est la mienne,
Sa parole est donnée, il faut qu'il la maintienne,
Qu'il fasse voir ici de fermes sentiments,
Et force de son fils tous les attachements.

---

1. « Ranger signifie aussi, Subjuguer, imposer des lois, obliger à obéir » (Furetière).   **2.** Agir en défaveur, contre les intérêts de. Inversion de l'expression « faire pour » : « On dit aussi, *faire* pour un autre, pour dire, agir pour lui » (Furetière).   **3.** Éd. 1673 et 1682 : résistance.   **4.** Frère par alliance — son beau-frère, en réalité. Mais le raccourci est courant dans l'ancienne langue.

ORONTE

C'est parler comme il faut, et dans cette alliance,
C'est moi qui vous réponds de son obéissance.

CHRYSALDE, *à Arnolphe.*

Je suis surpris, pour moi, du grand empressement
Que vous me [1] faites voir pour cet engagement,
1700 Et ne puis deviner quel motif vous inspire...

ARNOLPHE

Je sais ce que je fais, et dis ce qu'il faut dire.

ORONTE

Oui, oui, Seigneur Arnolphe, il est...

CHRYSALDE

                              Ce nom l'aigrit,
C'est Monsieur de la Souche, on vous l'a déjà dit.

ARNOLPHE

Il n'importe.

HORACE

Qu'entends-je !

ARNOLPHE, *se retournant [2] vers Horace.*

                              Oui, c'est là le mystère,
Et vous pouvez juger ce que je devais faire.

HORACE

En quel trouble...

---

1. 1ᵉʳ tirage : « nous ».   2. 2ᵉ tirage et suiv. : « tournant ».

Scène 8

GEORGETTE, ENRIQUE, ORONTE,
CHRYSALDE, HORACE, ARNOLPHE

GEORGETTE

Monsieur, si vous n'êtes auprès,
Nous aurons de la peine à retenir Agnès,
Elle veut à tous coups s'échapper, et peut-être
Qu'elle se pourrait bien jeter par la fenêtre.

ARNOLPHE

1710 Faites-la-moi venir, aussi bien de ce pas
Prétends-je l'emmener[1], ne vous en fâchez pas,
Un bonheur continu rendrait l'homme superbe,
Et chacun a son tour, comme dit le Proverbe.

HORACE

Quels maux peuvent, ô Ciel, égaler mes ennuis[2] ?
Et s'est-on jamais vu dans l'abîme où je suis ?

ARNOLPHE, *à Oronte.*

Pressez vite le jour de la Cérémonie,
J'y prends part, et déjà moi-même je m'en prie[3].

ORONTE

C'est bien notre dessein.

Scène 9

AGNÈS, ALAIN, GEORGETTE, ORONTE, ENRIQUE,
ARNOLPHE, HORACE, CHRYSALDE

ARNOLPHE

Venez, Belle, venez,

---

1. *À Horace* (1734).   **2.** Au sens fort de chagrins, souffrances
(cf. v. 375).   **3.** Je m'y convie.

Qu'on ne saurait tenir, et qui vous mutinez,
1720 Voici votre Galant, à qui pour récompense
Vous pouvez faire une humble et douce révérence.
Adieu[1] ; l'événement trompe un peu vos souhaits ;
Mais tous les amoureux ne sont pas satisfaits.

AGNÈS

Me laissez-vous, Horace, emmener de la sorte ?

HORACE

Je ne sais où j'en suis, tant ma douleur est forte.

ARNOLPHE

Allons, causeuse, allons.

AGNÈS

Je veux rester ici.

ORONTE

Dites-nous ce que c'est que ce mystère-ci.
Nous nous regardons tous sans le pouvoir comprendre.

ARNOLPHE

Avec plus de loisir je pourrai vous l'apprendre.
1730 Jusqu'au revoir.

ORONTE

Où donc prétendez-vous aller ?
Vous ne nous parlez point, comme il nous faut parler.

ARNOLPHE

Je vous ai conseillé malgré tout son murmure,
D'achever l'hyménée.

ORONTE

Oui, mais pour le conclure
Si l'on vous a dit tout[2], ne vous a-t-on pas dit

---

1. *À Horace* (1682 et 1734). Nous changeons en point la virgule
qui clôt le vers précédent dans l'original. 2. Ce qui n'est pas le cas,

Que vous avez chez vous celle dont il s'agit ?
La fille qu'autrefois de l'aimable Angélique
Sous des liens secrets eut le seigneur Enrique.
Sur quoi votre discours était-il donc fondé ?

CHRYSALDE

Je m'étonnais aussi de voir son procédé.

ARNOLPHE

1740 Quoi...

CHRYSALDE

        D'un hymen secret ma sœur eut une fille,
Dont on cacha le sort à toute la famille.

ORONTE

Et qui sous de feints noms pour ne rien découvrir,
Par son époux aux champs fut donnée à nourrir.

CHRYSALDE

Et dans ce temps, le sort lui déclarant la guerre,
L'obligea de sortir de sa natale terre.

ORONTE

Et d'aller essuyer mille périls divers [1]
Dans ces lieux séparés de nous par tant de mers.

CHRYSALDE

Où ses soins ont gagné ce que dans sa patrie
Avaient pu lui ravir l'imposture et l'envie.

ORONTE

1750 Et, de retour en France, il a cherché d'abord [2]
Celle à qui de sa fille il confia le sort.

Arnolphe ayant refusé, fort opportunément pour l'effet de surprise
final, d'entendre les explications d'Oronte (v. 1674-1675).
1. Ce vers et les trois suivants étaient omis à la représentation
(d'après l'éd. de 1682). 2. D'emblée, immédiatement (cf. v. 894).

CHRYSALDE

Et cette paysanne a dit avec franchise,
Qu'en vos mains à quatre ans elle l'avait remise.

ORONTE

Et qu'elle l'avait fait sur votre charité [1]
Par un accablement d'extrême pauvreté.

CHRYSALDE

Et lui plein de transport, et l'allégresse en l'âme
A fait jusqu'en ces lieux conduire cette femme.

ORONTE

Et vous allez, enfin, la voir venir ici
Pour rendre aux yeux de tous ce mystère éclairci.

CHRYSALDE

1760 Je devine à peu près quel est votre supplice,
Mais le sort en cela ne vous est que propice ;
Si n'être point cocu vous semble un si grand bien,
Ne vous point marier en est le vrai moyen.

ARNOLPHE,
s'en allant tout transporté et ne pouvant parler.
Oh ! [2]

ORONTE

D'où vient qu'il s'enfuit sans rien dire ?

---

1. Ce vers et les trois suivants étaient eux aussi omis à la représentation (d'après l'éd. de 1682).   2. Ouf ! (var. 1734). Cette modifica-
tion enregistre une réalité scénique originale que nous a conservée le
témoignage de Boursault blâmant dans *L'École des femmes* le « *Ouf* qui
fait la catastrophe [*ie* le dénouement] » (*Le Portrait du Peintre*, 1663,
sc. 2). Confirmé par Robinet : « Ainsi, au lieu que la comédie doit finir
par quelque chose de gai, celle-ci finit par le désespoir d'un amant qui
se retire avec un *Ouf !* par lequel il tâche d'exhaler la douleur qui
l'étouffe. » Et plus loin : « Pour le *Ouf* qui fait la catastrophe... » Robinet, *Panégyrique de l'École des femmes*, 1663, sc. 5.

HORACE

Ah mon père
Vous saurez pleinement ce surprenant mystère.
Le hasard en ces lieux avait exécuté
Ce que votre sagesse avait prémédité.
J'étais par les doux nœuds d'une ardeur[1] mutuelle
Engagé de parole avecque cette Belle ;
1770 Et c'est elle en un mot que vous venez chercher,
Et pour qui mon refus a pensé vous fâcher.

ENRIQUE

Je n'en ai point douté d'abord que[2] je l'ai vue,
Et mon âme depuis n'a cessé d'être émue.
Ah ! ma fille, je cède à des transports si doux.

CHRYSALDE

J'en ferais de bon cœur, mon frère, autant que vous,[3]
Mais ces lieux et cela ne s'accommodent guère ;
Allons dans la maison débrouiller ces mystères,
Payer à notre ami ces soins officieux[4],
Et rendre grâce au Ciel qui fait tout pour le mieux.

---

1. Amour (1674 et 1682). **2.** Dès que. **3.** Nous ajoutons la virgule. **4.** Ses soins (1674 et 1682). « Officieux, euse. adj. Prompt à rendre service, office, courtoisie. Un homme *officieux* gagne le cœur de tout le monde » (Furetière).

COMMENTAIRES

Les conditions matérielles de la création

Du projet à la réalisation

Molière avait créé la comédie des *Fâcheux* dans les jardins de Vaux le 17 août 1661, en présence du roi et à l'invitation du surintendant Foucquet, quelques semaines avant la chute retentissante de celui-ci. Il l'avait reprise avec succès à Paris le 4 novembre dans son théâtre du Palais-Royal [1]. La pièce y connut plus de soixante représentations jusqu'en décembre 1662, date de création de *L'École des femmes*. C'était la première de ces comédies-ballets où se

---

1. Ce théâtre où joue Molière depuis la démolition du Petit-Bourbon en octobre 1660 est celui que Richelieu avait fait édifier en 1641 au sein du Palais-Cardinal devenu Royal entre-temps par legs testamentaire du ministre à la couronne. La salle mesurait à l'origine 35 m de longueur sur 17,5 m de large, et la scène, carrée, 15 m de côté. Un amphithéâtre étagé occupait le mur du fond. Délabrée, elle fut remodelée au moment de leur installation par les comédiens de Molière qui firent construire des loges nouvelles ou y transportèrent celles du Petit-Bourbon, qui furent placées, semble-t-il, de manière à réduire sensiblement la surface du parterre et de la scène. Mais les documents sur le sujet sont d'interprétation délicate et l'information lacunaire. Des calculs effectués à partir des recettes engrangées durant certaines saisons, il ressort que l'ensemble eut à contenir jusqu'à un millier de spectateurs. Voir M. Jurgens et E. Maxfield-Miller *Cent ans de recherches sur Molière*, Imprimerie nationale, 1963, p. 351-355. H. G. Hall, *Comedy in Context*, Univ. Press of Mississippi, 1984, p. 36-55. R. Duchêne, *Molière*, Fayard, 1998, p. 260-263.

mélangent la danse, la musique, le chant et la poésie dramatique. Molière devait en écrire par la suite une douzaine, qui préludent à l'invention par Lully de l'opéra à la française, immédiatement après la mort du poète. Œuvre prophétique, donc, que ces *Fâcheux*, mais prophétie à l'impromptu : « la comédie [a] été conçue, faite, apprise et représentée en quinze jours », proclame avec un légitime orgueil la préface du texte édité en février 1662.

La véritable continuité de la création poétique de Molière, il convient de la placer plutôt entre *L'École des maris* créée deux mois avant ces *Fâcheux* surgis de rien et celle *des femmes* mûrie pendant l'année et demie qui sépare les deux pièces. La similitude des titres souligne cette filiation. C'était une façon discrète d'appeler sur la nouvelle *École* le succès finalement remporté par la précédente après des débuts un peu décevants : 410 livres de recette seulement le soir de la première (24 juin 1661), du fait peut-être de la mauvaise publicité causée par l'échec de la création antérieure de Molière, *Dom Garcie de Navarre*, à peine cinq mois plus tôt (4 février 1661). Si bien que, pour compenser la disparition de *Dom Garcie* après la septième représentation (recette : 70 livres !), il avait fallu hâter les choses : dès juin, Molière donnait son *École des maris* en trois actes. Pour sa seconde *École*, en revanche, le long succès des *Fâcheux* et celui non moindre de *L'École des maris* (soixante-huit représentations jusqu'en décembre 1662) ménagèrent au poète le loisir nécessaire pour contaminer des sources diverses en une intrigue limpide mais serrée, étalée sur cinq actes en vers, et mise en scène avec minutie.

La première de *L'École des femmes*, le 26 décembre 1662, rapporta la belle somme de 1518 livres. Par comparaison, *Tartuffe* enfin autorisé en 1669 après une longue attente, enveloppé d'une aura sulfureuse et créé par un poète et une troupe au faîte de leur notoriété, devait rapporter moins du double : 2860 livres, somme inégalée par aucune autre pièce de Molière. Et *Le Misanthrope* en 1666 n'atteindrait pas les 1500 livres (exactement 1447). En tout cas, *L'École des femmes* pulvérisait les records jamais enregistrés jusqu'alors par la compagnie.

Celle-ci comptait jusqu'au printemps 1662 douze membres alternant dans un répertoire de vingt-six pièces, dont six signées de Molière : *L'Étourdi, Dépit amoureux, Les Précieuses ridicules, Le Cocu imaginaire, L'École des maris* et *Les Fâcheux*. En juin, deux nouvelles recrues, Brécourt, qui allait débuter dans Alain de *L'École des femmes*, et La Thorillière s'étaient ajoutées aux anciens de la maison : les sœurs Béjart, Madeleine et Geneviève (Mlle Hervé), Marquise Du Parc, Marie Du Croisy et Catherine De Brie, qui incarna Agnès ; et chez les hommes, La Grange, qui fut Horace, Louis Béjart, Du Parc, Du Croisy, De Brie et L'Espy. Avec Molière, incarnant bien sûr Arnolphe, cela faisait quatorze comédiens. S'y rajoutaient des engagés temporaires : ainsi Marie Ragueneau, future épouse de La Grange, qui sans doute joua Georgette. On imagine que De Brie fit le Notaire — il avait le faciès de l'emploi. On ignore à qui furent distribués les rôles de Chrysalde, Oronte et Enrique. La plus jeune des Béjart, Armande, devenue la femme de Molière depuis le 23 janvier [1], ne devait faire ses débuts, semble-t-il, qu'en juin 1663, pour son baptême des planches dans *La Critique de l'École des femmes* [2].

Coup de cœur ou mariage de raison [3], cette alliance est peu assortie par l'âge : Molière venait alors d'atteindre quarante ans, le double d'Armande, celle-ci étant de surcroît jeune sœur, sinon fille secrète, insinuaient les mauvaises langues, de Madeleine qui avait été la maîtresse du poète. De bons esprits pouvaient trouver là matière à un rapprochement piquant avec la situation de

---

1. Contrat signé le 23 janvier 1662, et béni à Saint-Germain-l'Auxerrois le 20 février.   2. Molière avait eu soin dès avril 1661 de se faire attribuer double part des recettes des représentations, en prévision de son prochain mariage avec la (future) comédienne. Comme l'on divisa donc dès juin les bénéfices de la troupe en quinze parts, il est impossible de savoir au seul vu des comptes du théâtre quand Armande commença de toucher en son nom ce salaire d'ores et déjà versé pour elle à son mari.   3. Cette seconde hypothèse est soutenue et étayée par Roger Duchêne, *op. cit.*, p. 296 et suiv.

L'École des maris, où s'affrontent deux barbons dont l'un détourne de son alliance sa jeune pupille en jouant le cerbère importun, alors que l'autre, de vingt ans son aîné, attache la sienne par son libéralisme et l'épouse. Cela donnait aussi un parfum de défi à l'intrigue de *L'École des femmes*, et les calomnies ne manquèrent pas, dont l'écho assourdi nous est parvenu par bribes éloquentes. En novembre 1663, Racine évoque celle que répandait Montfleury, comédien de l'Hôtel de Bourgogne ridiculisé par une parodie de Molière dans son *Impromptu de Versailles* :

> Montfleury a fait une requête contre Molière, et l'a donnée au Roi. Il l'accuse d'avoir épousé la fille, et d'avoir autrefois couché avec la mère. Mais Montfleury n'est point écouté à la cour [1].

Molière jouissait au contraire de la faveur royale. Il venait au printemps 1663 d'être couché sur la très officielle liste des gratifications pour « quelques gens de lettres vivant en 1662 » et avait présenté durant l'été ou au début de l'automne son *Remerciement au roi* sous la forme d'un spirituel poème en vers. Louis XIV lui avait également manifesté son appui en l'invitant à créer à Versailles son *Impromptu* et allait accepter d'être le parrain de son premier fils en février 1664. L'année suivante, le 14 août 1665, sa troupe qui bénéficiait depuis 1658 du parrainage de Monsieur, frère du monarque, recevrait le titre enviable de troupe du roi. C'est dire que l'appui de Louis XIV à Molière ne se démentit pas durant ces années.

Marque de gratitude pour les plaisirs que dispensait le comédien ? Le gazetier Loret écrivait le 13 janvier 1663 dans sa *Muse historique* en vers qui paraissait chaque samedi :

───────────

1. Racine, *Lettre à l'abbé Le Vasseur*, éd. R Picard des *Œuvres diverses*, Paris, Gallimard, « Bibliothèque de la Pléiade », 1952, p. 459.

1662

Mardy, 19 decembre Tonnaxare . 234#   16#

La Troupe a donné a eMou. Royer cent demy
Louis dor dans Yne bourse Brodée dor et davgent pour sa
piece de Tonnaxare cy 550#

Le Vendredy 22.me decembre l'Estourdy . 246#   11
partagé

P.7.
Piece
nouuelle
de Mr. de
Moliere

Le Mardy 26.me Decembre La premiere
Representation de l'Ecolle du femmes . 1518#
partagé en dix sept pars 2 p.r l'autheur   83:10/

Vendredy 29.me decemb. l'ecolle des femmes 144#   62:2/
part

Dimanche 31.me Idem . . . 1253#   65:10/
part

eMardy 2.me Janvier 1663 Idem   812#   39:
part

Vendredy 5 Janvier Idem l'Escol . 1088#   50:
part

Dimanche 7.me l'Escolle des fem. 1348#   79:5/
part

Idem — On auoit Esté le Samedy 6.me au Louure
eMardy 9.me Idem . 832#   41:10/
part

Vendredy 12.me Idem . 1050#   57:
part

Dimanche 14.me Idem . 1500#   81:
part

eMardy 16.en Idem . 1100#   61:15/
part

Vendredy 19 Idem . 1102#   56:10/
part

Le Samedy 20.me deuant Le Roy Idem
Dimanche 21 Janvier Idem . 1335#   71:5/
part

Première représentation de *L'École des femmes*,
26 décembre 1662. Registre de La Grange.

Le roi festoya, l'autre jour,
La plus fine fleur de sa cour,
Savoir sa mère, et son épouse,
Et d'autres, jusqu'à plus de douze,
Dont ce monarque avait fait choix.

....

Dans une salle, ou beau salon,
Pour divertir seigneurs et dames,
On joua *L'École des femmes*,
Qui fit rire Leurs Majestés
Jusqu'à s'en tenir les côtés,
Pièce, aucunement [*en quelque sorte*], instructive
Et, tout à fait, récréative,
Pièce, dont Molière est auteur,
Et, même, principal acteur,
Pièce qu'en plusieurs lieux on fronde ;
Mais où, pourtant, va tant de monde,
Que, jamais, sujet important
Pour le voir, n'en attira tant.

Cette hilarante représentation qui avait eu lieu au Louvre le 6 du même mois préludait à d'autres visites ou réceptions privées : pour le roi de nouveau le 20 janvier, pour le comte de Soissons le 29, le duc de Richelieu le 30, pour Colbert le 1ᵉʳ février, au palais du Luxembourg pour le duc de Beaufort et la duchesse de Savoie le 5 mars, chez Madame, sœur du roi et dédicataire de l'édition du texte, le 3 avril, chez M. de Brissac le 5, avec *La Critique* chez Mme de Roissac le 25 juin, puis chez le duc de Richelieu de même le 5 juillet. Le 9 juillet, « le roi nous honora de sa présence en public », note La Grange dans le précieux registre de la vie de la troupe qu'il tient depuis avril 1659. Le 29 septembre encore, la compagnie donne les deux pièces et quelques autres chez Condé à Chantilly, avant le voyage de Versailles pour la création de *L'Impromptu* en octobre (entre le 16 et le 21).

Sur la scène du théâtre du Palais-Royal, *L'École des femmes* connut trente et une représentations avant le relâche de Pâques 1663[1]. Elle fut reprise quarante-trois fois durant la saison 1663-1664, visites comprises, et encore une dizaine de fois les deux saisons suivantes, avant de quitter l'affiche en 1668 après un total de quatre-vingt-huit représentations publiques et dix-sept visites privées. Entre-temps, l'impression survenue le 17 mars à partir d'un privilège éditorial pris le 4 février l'avait fait tomber dans le domaine public. L'édition confiée à de Luyne, associé à sept autres libraires, fut dédiée à la femme du prince qui patronnait la compagnie.

LA MISE EN SCÈNE DE 1662

L'édition originale s'ouvre par une gravure représentant la seconde scène du troisième acte de la comédie. Arnolphe assis, le chapeau sur la tête, le livret des *Maximes du mariage* encore sur les genoux, désigne de son index ses propres yeux à Agnès debout devant lui — illustration des vers 677-678 :

> Là, regardez-moi là, durant cet entretien,
> Et jusqu'au moindre mot imprimez-le vous bien.

La place publique qui leur sert de cadre, ornée de bâtisses sur ses trois côtés, retrace bien le décor sommaire que nous a conservé le mémoire du décorateur Laurent, pour des représentations données peu après la mort de Molière :

> Théâtre est deux maisons sur le devant, et le reste est une place de ville. Il faut une chaise, une bourse et des jetons. Au 3e [*en fait 4e acte*], des jetons, une lettre[2].

---

1. La découpe de l'année en saisons théâtrales s'articule alors autour de Pâques, en raison du long relâche imposé par le carême.
2. « Mémoire de plusieurs décorations qui servent aux pièces contenues en ce présent livre commencé par Laurent Mahelot et continué par Michel Laurent en l'année 1673 », ms Bnf 24330. Éd. H. C. Lancaster, Paris, Champion, 1920.

On reconnaît aussi le costume porté par Molière : il est identique à celui qu'on lui voit sur le tableau attribué à Verio et conservé à la Comédie-Française, représentant « Les farceurs français et italiens depuis soixante ans et plus, peints en 1670 » (ill. p. 40). On y retrouve le chapeau noir haut de calotte à bords moyens, les cheveux mi-longs bouffants sans boucles ni frisure, la moustache tombante avec mouche, le collet avec rabat de dentelle, manchettes courtes de même, le pourpoint et le haut de chausses en satin ou velours de couleur brune, un manteau court par-dessus, de même étoffe, le tout garni de ganse à rayures d'or en façon d'aiguillettes au boutonnage du pourpoint, au long du côté extérieur du bras et de la cuisse ainsi qu'au rebord du manteau, les bas de soie de même teinte que l'ensemble, chaussures à talons ornées de rubans et jarretières de même. Costume de bourgeois soigné, identique à celui que portera le Sganarelle de *L'Amour médecin* trois ans plus tard.

Le geste qui permet d'identifier le vers prononcé par le personnage figuré sur le frontispice offre une confirmation discrète du jeu très précis et naturel que Molière attendait de ses comédiens et qu'il pratiquait lui-même. Ce naturel, *L'Impromptu de Versailles* le revendique de manière polémique, par opposition à la diction tragique, naturellement soutenue, et à l'emphase qu'y ajoutaient, par surcroît d'affectation, certains des comédiens de l'Hôtel de Bourgogne, formés à une école rhétorique déjà bien ancienne : cible majeure de la verve imitative de Molière, Montfleury est vraisemblablement né au tout début du siècle [1]. Molière le

---

1. On ignore la date exacte de sa naissance, mais l'on sait que ses parents, tous deux comédiens, sont déjà mariés en 1603 et vivent séparés avant 1611. Le jeune Zacharie Jacob (Montfleury est un pseudonyme) a donc été selon toute vraisemblance élevé et initié à l'art de la scène au milieu d'acteurs eux-mêmes formés dans la seconde moitié du XVIe siècle. Molière, lui, ne vient pas au théâtre avant les années 1640. C'est cela, plus que le genre, qui les oppose et rend Montfleury artificiel aux yeux d'un Molière qui adhère plus facilement au mouvement contemporain de civilisation des mœurs, prônant le naturel de la belle conversation et la souplesse d'une gestuelle et d'une diction élégantes, adaptables, *mutatis mutandis* bien sûr, à la scène comique.

parodie cruellement en imaginant un poète campagnard (entendons en retard d'une mode) venu recruter des tragédiens pour une pièce écrite par lui :

> Là-dessus le Comédien aurait récité, par exemple, quelques Vers du Roi de *Nicomède* [...] le plus naturellement qu'il lui aurait été possible. Et le poète : comment, vous appelez cela réciter ? c'est se railler ; il faut dire les choses avec emphase. Écoutez-moi :
>
> Te le dirai-je, Araspe ?... etc.
>
> *Imitant Montfleury, excellent Acteur de l'Hôtel de Bourgogne.*
>
> Voyez-vous cette posture ? remarquez bien cela. Là, appuyez comme il faut le dernier Vers. Voilà ce qui attire l'approbation, et fait faire le brouhaha. (sc. 1)

À quoi Molière oppose la directive qu'il donne un peu plus loin à Brécourt sur le point de répéter son rôle :

> Pour vous, vous faites un honnête homme de Cour, comme vous avez déjà fait dans *La Critique de l'École des femmes*, c'est-à-dire que vous devez prendre un air posé, un ton de voix naturel, et gesticuler le moins qu'il vous sera possible. (sc. 1)

La qualité du personnage incarné par le comédien (un « honnête homme *de cour* ») prouve l'origine sociale de ce ton naturel, espèce de « degré zéro » du jeu que les acteurs chargés de rôles ridicules devaient tâcher au contraire d'outrer pour figurer l'affectation de leurs personnages. Ce ton mesuré, posé et aisé procède de la civilisation des mœurs mondaines, raffinée dans les salons et à la cour entre 1640 et 1660, âge de l'élégance « galante ». C'est d'où provient l'idéal esthétique qui rejette pour artifice l'emphase cultivée par les professionnels et recommandée par les théoriciens de la scène teintés d'une rhétorique déclamatoire que les mondains jugeaient pédante [1].

----

1. C'est pourquoi il nous paraît discutable d'aller chercher chez les théoriciens de la diction au XVIIᵉ siècle, comme on l'a récemment vu faire, la preuve prétendue que le naturel de Molière serait pure illusion rétrospective et anachronique. Autant eût-il valu chercher auprès du

Jeu naturel — précis également. La répétition fictive
mise en scène par *L'Impromptu* confirme le témoignage
de Donneau de Visé quelques mois plus tôt sur la mise
en scène de *L'École des femmes* :

> ... ce sont des portraits de la nature qui peuvent passer
> pour originaux. Il semble qu'elle y parle elle-même.
> Ces endroits ne se rencontrent pas seulement dans ce
> que joue Agnès, mais dans les rôles de tous ceux qui
> jouent à cette pièce. Jamais comédie ne fut si bien
> représentée ni avec tant d'art ; chaque acteur sait
> combien il y doit faire de pas et toutes ses œillades
> sont comptées [1].

Ce naturel et cette précision horlogère n'excluent évidemment pas les grimaces ridicules, dans la mesure
même où elles rendent compte de l'outrance bouffonne
qui est naturellement l'expression de nos travers. De
ceux d'Arnolphe en tout cas. Lysidas, dans *La Critique
de l'École des femmes*, a bien tort de faire la fine bouche
sur le jeu de Molière, sans comprendre que ses excès
mêmes sont l'exacte expression de sa nature outrée :

> ... ne descend-il point dans quelque chose de trop
> Comique, et de trop outré au cinquième Acte, lorsqu'il
> explique à Agnès la violence de son amour avec ces
> roulements d'yeux extravagants, ces soupirs ridicules,
> et ces larmes niaises qui font rire tout le monde ?
> (sc. 6)

Réponse de Dorante, porte-parole du poète :

> ... je voudrais bien savoir si ce n'est pas faire la satire
> des amants, et si les honnêtes gens même, et les plus
> sérieux, en de pareilles occasions, ne font pas des
> choses ?...

Saint-Office la preuve que Galilée, dans le fond, n'avait jamais cru que
la terre tournait.
1. *Nouvelles nouvelles*, III, p. 231.

> Mais enfin, si nous nous regardions nous-mêmes,
> quand nous sommes bien amoureux...

Scénographie comique appropriée à l'esthétique du ridicule qui gouverne l'écriture dramatique.

L'action et les personnages

DRAMATURGIE DE LA « FÂCHERIE »

Parce qu'elle relève du genre dramatique, une comédie constitue un réseau tissé de paroles échangées, que
la représentation incarne dans des personnages en apparence pourvus d'intentions, de caractères et de sentiments qui semblent motiver leurs actions et leurs
réactions nouées en intrigue. En fait, toute cette vie procède d'un agencement concerté de dialogues d'où se
déduit, par le truchement des comédiens interposés qui
les prononcent et obéissent à leurs suggestions, cette
impression de réalité, d'autonomie et de cohérence des
êtres engagés dans l'intrigue. Il y a donc quelque artifice
à étudier séparément la structure d'une comédie et les
personnages qu'elle met en scène, puis le caractère de
chacun de ces personnages dans son identité illusoire :
car leurs caractères se déduisent uniquement de leurs
discours, ces discours procèdent des dialogues au sein
desquels ils s'échangent, le réseau des dialogues est
organisé et régi par l'intrigue, l'intrigue résulte de la
mise en œuvre d'une situation et de sa composition, qui
prend la forme de l'action dramatique. Une personnalité, au théâtre, c'est un carrefour verbal inscrit dans un
réseau structuré de relations.

Ce que *L'École des femmes* illustre mieux qu'aucune
autre pièce. Comédie de carrefour par sa localisation
(« La scène est dans une place de ville »), elle l'est surtout par sa texture, toute de rencontres et de récits : trois
personnages y alternent et s'y affrontent en une suite de
dialogues, sans presque d'action, du moins figurée en

scène. Ce sont Arnolphe et Horace, par quatre fois (I, 4 ;
III, 4 ; IV, 6 ; V, 2) ; Arnolphe et Agnès, tout autant (I,
3 ; II, 5 ; III, 2 ; V, 4) ; et puis Agnès et Horace, mais si
empêchés qu'ils n'ont à eux que l'espace d'une demi-
scène (V, 3) : pour le reste, leurs rencontres sont l'objet
de récits. Ces scènes de récits obéissent à une géométrie
rigoureuse : elles mettent en présence deux des protagonistes parlant du troisième. Car lorsque Horace rencontre Arnolphe, de qui l'entretient-il ? D'Agnès, bien
sûr. Si bien que lorsque Arnolphe convoque Agnès, c'est
pour lui parler de quoi ? Des menées d'Horace. Et d'ailleurs si Horace et Agnès ont si peu l'occasion de s'entre-
voir et de se causer, à qui la faute ? À Arnolphe, qui
veille. Maillage exemplaire du réseau dramatique : si,
comme on l'a vu plus haut[1], l'intrigue de la pièce procède du croisement entre la « précaution inutile » et la
« confidence malavisée », reste que sous ce système apparent une structure plus profonde, plus essentielle,
constitue la maille élémentaire de la dramaturgie : ils
sont trois, c'est un de trop, ils parlent et leur parole distribue alternativement deux d'entre eux chacun à un
bout de la chaîne, en position d'émetteur et de récep-
teur, dégageant leur communication du bruit de fond,
des parasites que fait ou constitue le troisième, en position de tiers exclu ou à exclure.

Un an avant *L'École des femmes*, Molière avait élaboré,
baptisé et exploité cette logique dans sa comédie *Les
Fâcheux* : un jeune homme courant après une jeune fille
s'y trouve empêché de lui parler par l'intrusion de divers
bavards qui successivement l'accablent de paroles
vaines. Les parasites qui s'immiscent en tiers dans un
échange entre deux interlocuteurs se nomment, chez
Molière, « fâcheux ». Six ans plus tôt, au tout début de
sa carrière, le poète avait déjà esquissé la fâcherie sous
la forme voisine du « contretemps » : c'était dans
L'Étourdi ou les contretemps, dont le héros annonce certains traits de cet écervelé d'Horace. Enfin, au sommet

---

1. Dans la Préface du présent volume, p. 13 et suiv.

de son art, quatre ans après *L'École des femmes*, Molière structurera sa comédie peut-être la plus profonde, *Le Misanthrope*, sur un modèle similaire : *Le Misanthrope*, disait Louis Jouvet, c'est « la comédie d'un homme qui veut avoir un entretien décisif avec une femme qu'il aime, et qui au bout de la journée n'y est pas parvenu[1] ». Pourquoi ? parce que des fâcheux et des fâcheries traversent sans cesse son projet.

C'est une variante du modèle qui sert de structure élémentaire à *L'École des femmes* : le fâcheux, c'est ici l'absent, le tiers absent, mais combien pressant, entre deux interlocuteurs. Le nombre des protagonistes de la pièce étant limité à trois, les rôles s'y échangent avec une sorte de perfection chorégraphique qui épuise toutes les ressources de la combinatoire : chacun des trois personnages se retrouve, alternativement, en position de tiers, gêneur ou exclu. Autour de leur proie muette s'affrontent le blondin et le barbon qui avaient tout pour s'entendre et finiront brouillés à mort — Agnès est le parasite involontaire de leur affection ancienne. À propos du jeune étourdi qui les sépare, perturbateur de leur alliance et de leur silence ancien, Arnolphe et Agnès s'affrontent en une crise presque tragique qui brise leur couple prochain et les brise chacun de manière différente mais réciproque. Enfin, par l'exclusion du tuteur dépossédé, traité en fâcheux qui s'obstine, Agnès et Horace communient dans l'amour et la ruse, au prix de leur identité ancienne de vierge sotte et de séducteur volage. C'est dans ce jeu dissonant de chaises musicales que réside le véritable principe dramatique de *L'École des femmes*. Et voilà pourquoi il est indispensable, plus ici que dans nulle autre comédie, d'analyser les caractères supposés des trois protagonistes au sein de ce réseau, là où affleurent l'identité et l'autonomie de chacun, encore engagées pour partie dans leurs échanges avec les deux autres.

---

1. Cité par A. Delhay, « Comment interpréter Molière », *L'Ère nouvelle*, 20 juin 1938.

Horace et Arnolphe en quête d'Agnès :
une rivalité

Couple étrange que celui d'Horace et Arnolphe. Mais
bien représentatif du théâtre de Molière : l'étourdi et
l'imposteur, c'est un mariage de titres [1]. Deux hommes
se rencontrent et se mettent tout naturellement à parler
de femmes. Il n'en faut pas plus pour en faire deux
rivaux, deux champions qui s'affrontent chacun avec ses
armes, selon une stratégie d'où se déduit sa personnalité, son caractère. Le choix d'une même victime les réunit : la femme, dans le rôle de la proie.

La stratégie d'Arnolphe, c'est la clôture. Qu'il est geôlier, tout le montre. Il compte prendre Agnès pour
femme après l'avoir séparée du monde par une triple
clôture, conventuelle, intellectuelle et morale. Ainsi
muselée et dépouillée d'elle-même, elle incarne à la perfection l'épouse idéale qu'il définit, dans la première
scène de l'œuvre (v. 93-102), par opposition au portrait
honni de la femme « habile », dangereusement libre et
spirituelle (v. 84-92) ; à quoi s'oppose le jeune monstre
encagé qu'a produit son alchimie de démiurge (v. 123-
154). Le principe de cette stratégie carcérale, c'est la
négation : Agnès n'aura aucune des qualités que la
nature, l'histoire et la rumeur prêtent aux femmes, parce
qu'elle sera sans qualité aucune. Définition par soustrac-
tion sans reste, par négation interne, sa femme sera
l'ombre évanescente et fidèle de la seule positivité du
monde selon Arnolphe : lui-même. Épouser une sotte
pour n'être point sot, une innocente au gré de son souhait, Agnès par et pour lui rendue douce et bête :
l'agnelle, la niaise... Il prétend y gagner de tout savoir,
de tout pouvoir, d'échapper au sort commun des cocus
(v. 74), des imprévoyants (v. 78), des dupes (v. 41), des
conformistes (v. 124), des discrets (v. 92), pour avoir

---

1. On a déjà évoqué *L'Étourdi* (1655). Ajoutons que *Tartuffe* s'inti-
tula *L'Imposteur* dans sa version éphémère de 1667, et conserva en
sous-titre cette qualification.

élaboré treize ans durant cette merveille de négativité, qui échappe à toute discussion (v. 120-122), à toute évaluation (v. 123), à toute influence (v. 147-148), à toute description (v. 158).

Si Agnès doit être ainsi emmurée, c'est qu'elle est aux yeux d'Arnolphe vouée à la maison, maison elle-même et promesse de maison. Vouée à la maison, car c'est la place de l'épouse, disent la VIIIe et la Xe Maxime du mariage (III, 2) ; maison elle-même, ou plutôt jardin secret où Arnolphe cultivera la fleur tardive de son âge (v. 1030-1033) ; promesse d'une maison, car il en nourrit l'espoir. Ce que suggère son récent changement de nom :

> Outre que la Maison par ce nom se connaît,
> La Souche, plus qu'Arnolphe, à mes oreilles plaît.
>
> (v. 173-174)

La maison, c'est en ce temps-là « la suite de gens illustres venus de la même souche » (Furetière, *Dictionnaire*, 1690). Reniant « le vrai nom de ses Pères » (v. 175), souche nouvelle, Arnolphe a couronné le chimérique édifice de ses négations accumulées par le plus étrange fleuron qui soit : l'emblème qu'il assigne à la rayonnante affirmation de son moi, c'est un vieux tronc pourri de sa métairie, bois mort, émondé et renversé. Une race naîtrait de là ! Comment le croire ? Enceindre Agnès entre les murs de sa demeure, la ligoter de quelque ruban et de maximes en langue de bois, voilà tout ce qu'on peut attendre de M. de La Souche. L'autre, en le rebaptisant étourdiment « La Source » (v. 328), lui donne bien cruelle leçon : jouvence contre putréfaction, jaillissement au lieu de stérilité, on sent rien qu'à cela qu'Arnolphe est de souche comme Horace est d'estoc...

La logique apparente voudrait que l'on peignît donc Horace l'expansif et l'extensif en héros positif, tout opposé à Arnolphe, son contraire pur : le sens explicite de la comédie le réclame. Mais à travers l'interchangeabilité de leurs stratégies et la similitude de l'enjeu qu'elles visent, la logique dramatique révèle on ne sait quelle inquiétante parenté entre eux ; discrète et fugace, bien sûr, mais d'autant plus curieuse à observer. Arnolphe nie Agnès. Et Horace ? Voyons les faits : à n'en considérer que les résultats, sa campagne de conquête réussit uniquement à ruiner l'évasion d'Agnès en la faisant rentrer à l'acte V dans la maison qui lui servait de prison à l'acte I, avec pour tout espoir désormais d'y devenir un jour l'épouse asservie d'Arnolphe, ou de le quitter à jamais pour un couvent pénitentiaire. Tout cela parce qu'Horace a tant parlé, à tort et à travers. Cela s'appelle une trahison. Maladresse ? Pas seulement — étourderie sans doute, mais aussi et plus gravement effet d'une vantardise indiscrète qui excède l'erreur de tactique et touche au domaine plus déterminant des qualités et défauts de l'âme : les confidences malavisées du blondin révèlent chez lui un bien coupable penchant au narcissisme, sensible à la flatterie (v. 302) et enclin aux images conquérantes (v. 348), combiné à une désinvolture (v. 338) et une indélicatesse (v. 940) qui feraient soupçonner une âme un peu superficielle, plus encline au plaisir qu'au bonheur (v. 1178-1179). On en vient à regarder de plus près certaines menaces du barbon (v. 594), qui n'a peut-être pas tort de relever quelque vanité babillarde de séducteur futile dans le comportement de son rival (v. 835-839). Certes, la trame de la « confidence malavisée » requérait cela. Mais il est notable que Molière n'ait pas esquivé la suggestion : la part qu'en reçoit le caractère d'Horace, plus complexe et donc plus intéressant qu'il n'y paraît de prime abord, fait partie de son équation.

En témoignent des vers comme ceux-ci, révélateurs de cela même qu'ils excluent :

> Considérez un peu, par ce trait d'innocence,
> Où l'expose d'un fou la haute impertinence ;
> Et quels fâcheux périls elle pourrait courir,
> Si j'étais maintenant homme à la moins chérir ?
> Mais d'un amour trop pur mon âme est embrasée,
> J'aimerais mieux mourir que l'avoir abusée.
> Je lui vois des appas dignes d'un autre sort.

(v. 1412-1418)

Vestiges presque effacés d'un programme de séduction sans vergogne ? On se demande à lire cela quel sort eût réservé à une Agnès moins riche d'« appas » ce jeune homme aux scrupules tardifs : le danger d'être naïve sans être heureusement pourvue du « plus beau naturel » du monde (v. 951), c'est celui qu'aurait couru quelque fille médiocre et illusionnée, tombant amoureuse de ce jeune et aimable séducteur assez averti pour faire servir à « de tels coups » (v. 970 — notons le pluriel) une entremetteuse à sa main. Le risque n'est que suggéré, la suggestion à peine effleurée, et Horace bien vite rattrape la mauvaise impression qu'il aurait pu faire naître. Mais le parallèle avec Arnolphe, qui invite à les mettre sur le même plan de mépris négateur pour la femme au nom de leur plaisir, offre au moins l'occasion de montrer qu'à côté de la métamorphose spectaculaire d'Agnès, de celle, à peine moins extraordinaire, d'Arnolphe touché par la passion, fût-elle libidineuse et tyrannique, Horace aussi connaît son chemin de Damas, élève épisodique mais redevable également envers l'école de l'amour. Quelques traces signalent en pointillés cette transfiguration intime (v. 304 et 1416 ; v. 338 et 951 ; v. 341-342 et 1418-1419 ; v. 337 et 1625). Ce retournement en lui s'opère dans la coulisse de l'action, mais il est possible de le lire entre les lignes du discours dramatique.

Enfin, par une inversion prévisible qui fait tout le sujet de l'œuvre, l'affrontement brutal entre les deux négations, l'une patente et brutale, l'autre latente et étourdie, fait jaillir l'affirmation à la fois contrainte et fulgurante d'une personnalité, celle d'Agnès. La naïveté, négation par l'ignorance, cette clôture de l'esprit, l'autorise à dire tout naturellement ce que la pudeur apprise lui eût fait taire ; l'enfermement, négation par la clôture, lui enseigne l'art de l'esquive puis de la fuite ; la candeur enfin, la confiance d'une âme tout innocente, transfigurent en amant passionné un séducteur babillard, négateur en puissance du respect dû à la femme qui s'est livrée sinon donnée. Sans échappatoire familiale (orpheline supposée), sociale (interdite de visites), verbale (privée de conversations, de dialogue, de réplique même), intellectuelle (idiote autant qu'il se pourrait), imaginaire (pas de romans !), hédoniste (pas de plaisirs) ou ludique (sinon le corbillon), Agnès vit depuis le couvent et bientôt en sa maisonnée dans le corset de la Règle. Hors de celle-ci, tous les lieux sont de perdition : chaudières de l'enfer (v. 727-728), ciel courroucé (v. 601-602), vains empires de la séduction (v. 591-592), chimériques contrées des romans empoisonneurs d'âmes (v. 244-248). L'histoire de sa libération, ce sera celle d'abord d'une conquête, la conquête de son espace propre par elle-même.

La scène où Agnès, fugitive arrêtée dans son vol (V, 4), pulvérise l'espace de son geôlier en construisant le sien propre constitue peut-être l'apogée de la comédie : stupéfait, prêt à tous les reniements (v. 1596-1597), partagé entre la passion (v. 1569-1570) et l'agression (v. 1607-1608), le négateur de jadis, déchiré, démantelé, assiste impuissant à l'émergence d'une personnalité affirmée et unifiée dans le rejet qu'elle lui oppose. Sous le signe d'Horace, mais hors de sa présence, voici la scène de l'éclosion et de l'explosion.

ARNOLPHE ET AGNÈS EN PROIE À HORACE : UNE MÉTAMORPHOSE

Le titre même d'*École*, les allusions, exceptionnelles dans le genre comique, à la prime enfance de l'héroïne, le récit de son « éducation », la lecture ânonnée des *Maximes du mariage*, tout ce qui montre en elle une puérilité prolongée que traverse la découverte de l'amour, tout cela invite à lire la comédie comme une sorte de rite d'initiation durant lequel Agnès apprend les lois du cœur à l'école d'Horace (v. 1560-1563) pendant qu'Arnolphe découvre qu'il les ignore (v. 1543-1544). L'un et l'autre avaient été jusqu'alors protégés de cette révélation tellurique, qui les déchire en même temps qu'elle les concentre sur cet objet nouveau, imprévu, décisif.

Ainsi alternent pour eux deux des phases d'unité et de division du moi profond, au rythme de leurs échanges avec Horace.

La personnalité d'Agnès affiche une apparente unité au début de l'action : une simplicité fermée au jeu des mots lui fait prendre le figuré pour le littéral (la tarte à la crème dans le corbillon, v. 97-99), l'image pour la vérité (voir la rhétorique amoureuse des v. 505-534), l'abstrait pour le concret (qu'avez-vous fait ces jours-ci ? des chemises et des coiffes, v. 465-466), la métaphore lexicalisée pour la réalité (mon Dieu, ne gagez pas, v. 474), ce qu'on lui dit pour ce qu'elle souhaite (épouser... là, v. 626-627), l'allusif pour le trivial de premier degré (avoir quelqu'un pour chasser les puces, v. 236-238). Elle ignore que la vie présente des espaces variés, le corps des zones diverses, le langage des détours et des replis. Arnolphe a circonscrit le corps, l'esprit et l'âme de sa pupille pour en occuper tout l'espace, sans qu'une ombre même échappe à sa gouverne. La parturition d'Agnès, seconde naissance de l'enfant-femme, prendra la forme d'une partition de cet espace indivis tout entier envahi et régi par le tuteur despotique.

Pour cette mise au monde de soi par soi, elle va trouver ses ressources, paradoxal retournement (v. 932-933), dans la stratégie d'exclusion de soi et d'assimilation à l'autre dont elle a été victime. Le mutisme (v. 640) que lui impose Arnolphe à la suite de son aveu spontané et la déconvenue qui s'ensuit (II, 5) ouvrent en elle le chemin au secret, manteau du mensonge : mentir, c'est jouer double jeu, se dédoubler. Le sentiment de ses manques (« je commence à comprendre qu'on m'a toujours tenue dans l'ignorance », III, 4) ouvre la voie, par la prise de conscience de son ignorance, au dédoublement libérateur indispensable à la prise de conscience de soi. La réflexivité du regard se mue alors en réflexion de l'esprit : « Voyez comme raisonne et répond la vilaine » (v. 1541). Raisonne et répond : car raisonner, c'est confronter et affronter. En

Agnès, une conscience est née, née pour le combat nécessaire à se faire reconnaître.

Arnolphe s'en scandalise (v. 1521) et s'en épouvante (v. 1531). Une fêlure se produit en lui aussi, qui impulse un aveu en forme de renoncement et de reniement :

> Ah ! je l'ai mal connue, ou ma foi là-dessus
> Une sotte en sait plus que le plus habile homme.
>
> (v. 1543-1544)

Le personnage dès lors se dédouble (v. 1543-1544) : il tempête (v. 1491-1505) et supplie (v. 1587-1589), se fait maître (v. 1564-1565) et esclave (v. 1601-1604), tour à tour complaisant (v. 1596-1597) et despotique (v. 1607-1611). Ce dédoublement, parallèle à celui que connaît Agnès, n'est pas que psychologique. Ontologique, aussi : Arnolphe illustre avec une profondeur et une limpidité qui révèlent en Molière un moraliste sous le dramaturge la terrible contradiction du tyran qui aspire à se faire spontanément reconnaître par l'esclave qu'il a dépossédé de son libre arbitre. Mais la soumission ne peut faire de l'esclave qu'une enveloppe vide, une machine, stupide, ou un rebelle, irréductible. Alors que son aspiration secrète porte peu à peu Arnolphe à l'espoir de susciter en Agnès une docilité consentie, tous ses efforts précédents ont dégoûté la jeune fille de la lui offrir — c'était déjà la profonde leçon de *L'École des maris*.

Dès lors, cette illusion s'effondrant, le tyran éperdu tombe dans le piège du désir pour cette liberté qui surgit, du regret taraudant de sentir lui échapper, plus que la personne d'Agnès, le désir qu'elle n'aura jamais pour lui (v. 1581-1583). L'ancienne hantise de possession masquait une angoisse de dépossession traduite par l'obsession du cocuage (ne pas partager) et source d'un désir de fusion (faire d'elle sa moitié) : Agnès devait incarner son idéal, tirer tout de lui, être le signe manifeste de son autorité, de son originalité, de sa démiurgie. Ce passage de l'avoir (posséder Agnès) à l'être (fusionner avec elle) qu'il tentait dans la scène des *Maximes du mariage*, en jouant sur l'image des deux moitiés inséparables, l'une suprême et l'autre subalterne (v. 703-704), est une caricature prophétique du désir passionnel qui surgit en lui au cinquième acte (v. 1598). L'aspiration à une unité mutilante, par absorption et négation de l'autre, se résout dans une division de soi, qui a nom passion.

Molière a préféré développer cette scène d'amour manqué plutôt que celle, idyllique, entre Agnès et Horace. Sans doute à cause de la puissance comique et émotionnelle émanant de la situation. Agnès, qui a beaucoup appris, Arnolphe, qui a beaucoup désappris, se rejoignent alors paradoxalement sur le terrain de la passion, mais sans réciprocité : l'une s'y éveille, l'autre s'y abîme. Nature et perversité tyrannique, conscience et force, droit moral et loi sociale, intuition du bien et mauvaise foi retranchée sur l'autorité morale, on dirait de l'affrontement allégorique de deux forces complémentaires, inextricablement liées dans leur opposition : l'impulsion effrénée de la nature, sous la forme d'un désir tiraillé entre la plainte et l'arrogance, et l'ingénuité d'un beau naturel, spontanément sensible à ce qui est juste et plaisant. Concupiscence et béatitude, diront les uns, pulsion instinctuelle aveugle et désir civilisé par le surmoi, diront les autres. L'important est qu'ils forment couple, indissociable : Horace fut tout au plus le prétexte de cette révélation, ou plutôt de cette révolution, au sens propre.

Révolution, en effet. À l'alliance première, tout illusoire, garantie par le partage léonin entre moitié supérieure et inférieure, a succédé d'abord la scission, d'où surgit bientôt l'interversion : Agnès qui était toute nature, et nature brute, passe du côté du « naturel », élaboration cultivée et raffinée de la spontanéité ; symétriquement, Arnolphe, maître ès artifices et démiurgie, se soumet à l'impulsion brutale du désir. D'abord muette, la voici qui conquiert la parole, devient « causeuse » même (v. 1726) à mesure que lui, stupéfait et bientôt suffoqué, la perd : son rôle s'achève sur un cri (v. 1764), qui est à peine un souffle, vestige défiguré du langage.

Vidée par lui de sa personne, de sa liberté, de sa dignité même, elle conquiert personnalité et recouvre identité, famille, alliance, nom et honneur quand lui, riche d'argent, de nom(s), de terres et bientôt, croyait-il, de femme, quitte la scène débouté, dépossédé, ridiculisé. Il l'avait défigurée pour plastronner ; elle épanouit au cours de l'intrigue une beauté pour laquelle surgit en lui un désir grimaçant qui effraie :

> Mon visage, Friponne,
> Dans cette occasion rend vos sens effrayés.

> (v. 1485-1486)

Bref, d'un bout à l'autre de l'action, leurs personnes et leurs situations se seront ainsi définies l'une par l'autre en un échange symétrique de postures et de structures. Il y a de la mécanique sous cette souple peinture des âmes. Mais c'est la mécanique déchirante d'un transfert de mutilation.

AGNÈS ET HORACE AUX PRISES AVEC ARNOLPHE : UNE COMMUN[ICAT]ION PARASITÉE

Symbole de cette symétrie inverse et perverse : la scène précédant la grande confrontation (V, 3). Toute tendue vers Horace auquel une main anonyme l'arrache, Agnès maintient avec lui relation au moins verbale, pour résister au mouvement de traction muette d'Arnolphe attentif à cacher sa voix. La pression qu'il exerce sur elle tout au long de l'intrigue se résume dans ce geste. Mais la limite aussi de cette pression : elle lui échappe par la parole ; tout au plus peut-il la troubler, parasite et tiers exclu d'une communication qui le rejette. Durant toute l'action, l'enjeu de la conquête de l'espace s'est doublé d'une conquête du verbe. L'écart qui sépare Agnès d'Horace et le besoin qu'elle éprouve de le combler la jettent dans la parole et l'écriture : Horace suscite en elle un besoin de dialogue qu'Arnolphe s'attache à troubler. Elle n'apprend pas vraiment à parler, encore moins à converser, mais à communier dans la communication

d'un désir empêché. De même Horace, et c'est en quoi
ils se ressemblent et s'assemblent.

Il n'est pas fortuit que Molière ait confié à Horace le
soin d'expliquer la métamorphose que l'amour, l'amour
pour lui, provoque en Agnès. Dans la scène exactement
centrale de la comédie, la quatrième du troisième acte,
le jeune homme exprime en quelques dizaines de vers
l'enjeu de la mutation vécue par celle qu'il aime (v. 949-
959). Les formules qu'il emploie méritent d'être rete-
nues : elles définissent en détail, pour peu qu'on les
décrypte, les conditions de ce grand travail de la nature
qui s'effectue en Agnès, au double sens, actif et passif,
du terme de travail — fabrication et fécondation, nature
travailleuse et travaillée pour mettre au monde le sujet
libre et accompli. C'est tout d'abord ceci :

> Il le faut avouer, l'amour est un grand maître :
> ....
> De la nature en nous il force les obstacles.
>
> (v. 900 et 904)

Abandonnée à elle-même, la nature avait produit un être
épais, un esprit lourd et monstrueux, une âme puérile et
abêtie. L'amour, renversant ces obstacles, pulvérise la
brutalité de la nature qui s'était pervertie pour être trop
longtemps demeurée en friche.

Et ce bouleversement lui aussi prend ses références
dans la nature : la lettre d'Agnès est écrite, nous dit
Horace,

> De la manière enfin que la pure nature
> Exprime de l'amour la première blessure.
>
> (v. 944-945)

Cette « pure nature », c'est celle du sentiment amoureux
dans un cœur de seize ans. La formule ne contredit pas
le caractère d'obstacle prêté à la nature « brute » par le
vers 904 : la nature est chose souple et adaptable, en
conformité harmonieuse avec l'âge et la situation. L'in-
fantilisme artificiel dans lequel le « naturalisme » outran-
cier et pervers d'Arnolphe a maintenu Agnès est une

contre-nature. La surprise de l'amour, à son âge et dans sa situation, relève au contraire de la nature — elle est toute naturelle. Reste que dans une âme ainsi laissée en friche, cet éveil tardif pourrait prendre un tour maladroit, lourd et vulgaire, ou simplement trivial, dans le ton des métaphores potagères d'Alain parlant à Georgette (v. 436). Mais il n'en est rien. Car la grossièreté de son éducation, ou plutôt son défaut d'éducation s'est trouvé exceptionnellement compensé chez Agnès par la grâce personnelle d'une âme privilégiée :

> Malgré les soins maudits d'un injuste pouvoir,
> Un plus beau naturel peut-il se faire voir ?
>
> (v. 950-951)

Troisième entrée de la nature : la singularité du naturel d'Agnès, née sous une bonne étoile, sa valeur personnelle, son mérite, ont permis aux premiers émois de l'amour de déchirer le voile d'ignorance et d'abrutissement qui l'aveuglait.

Reste à l'éducation du cœur et des mœurs la tâche de parfaire cet éveil, de tenir cette promesse, d'accomplir cette ébauche. Le premier effet de cette éducation, c'est la conscience que prend Agnès de sa propre ignorance : ce que dit explicitement sa lettre à Horace, objet des commentaires de celui-ci que nous citons. Un sentiment naturel de pudeur, signe de son « beau naturel », lui fait craindre que son aveu naturel, expression de la « pure nature », ne soit gâté par son ignorance, par les « obstacles de la nature » qui se sont érigés en elle. Car tout être humain a besoin de la grammaire civilisatrice des mœurs et des sentiments, l'ignorance lui en est aussi préjudiciable que, chez les précieuses ou les pédantes, le culte excessif de ses règles. L'amour en Agnès fait jaillir quelques éclairs de la pure nature, profonde, spontanée, non pervertie ; son beau naturel, effet d'une personnalité heureusement dotée par la Nature, en féconde la promesse pour vaincre les résistances de la nature brute et grossière qu'on a laissé envahir son être en lui refusant l'accès aux signes civilisateurs qui confortent, charpentent, trient et canalisent les suggestions spontanées de l'âme, tantôt redressant ses impulsions, tantôt s'y opposant, tantôt les assumant en les perfectionnant par l'application de règles forgées au plus près de la nature.

Leçon de tout ceci : la « nature » est un magma informe, indispensable et insuffisant ; la « pure nature » suscite un éclair, fulgurant et pur, qui fait signe ; et le « naturel » constitue un filtre qui conserve et par transparence révèle ce que le fond d'âme de chacun a de meilleur, après en avoir corrigé les défauts incompatibles avec la vie sociale et nuisibles à l'harmonie intime : cette correction constitue l'édification de soi, dont l'effet est l'élaboration d'un naturel devenu seconde nature. L'homme doit se constituer en somme un naturel « vraisemblable », comme celui de l'œuvre d'art : l'édification de l'être humain est modelée sur le principe de la création esthétique.

À l'école des femmes, l'amour ne constitue d'ailleurs que le maître d'une classe préparatoire à celle du monde où se transporte ensuite le combat toujours renaissant entre les impulsions de la nature brute, grossièretés du désir épais ou artifices sophistiqués de l'extravagance absurde, et la civilisation des mœurs, l'expression d'un beau naturel en adéquation avec les meilleures des valeurs de l'idéal social en même temps que propice à la fortification du moi intime. Cette philosophie de la nature humaine fonde la communion de sympathie entre Agnès et Horace. La perturbation que cherche à y introduire Arnolphe, parasite de cette délicate alliance, prolonge son intrusion mutilante de naguère dans la vie d'Agnès enfant. La situation dramatique de la comédie, en ce sens, ne fait que révéler au jour la relation profonde entre les personnages : Agnès et Horace accoucheurs l'un de l'autre, si l'on peut dire, et Arnolphe vain perturbateur de leur dialogue.

Car il est notable qu'interposé entre eux deux et apparemment occupé durant toute la représentation à leur parler, Arnolphe, en fait, ne communique pas : il est fond sonore et écho sonore de leurs échanges muets,

parle à Agnès par maximes, tirades, semonces, apartés
— sans attendre ni admettre la réplique (v. 639-642) ;
et avec Horace se mortifie, grogne, ricane par force, se
tait et se retire, pour enfin exploser à loisir — en mono-
logue. On lui confie des secrets, il en répand, mais n'a
pas de dispositions pour le dialogue. Longtemps collec-
teur de ragots (v. 15-20), appelé à en être à son tour la
proie (v. 45-46), homme du carrefour où l'on parle et
où l'on pourrait bientôt le faire à ses dépens (v. 72), il
ne sait que relayer, interférer, parasiter, mais ne parvient
guère à unifier en lui les fonctions alternées de l'émission
et de la réception. Fortuitement et opportunément présent au carrefour de l'intrigue pour rencontrer Horace
et lui prêter écoute et argent, il occupe la fonction peu
enviable du parasite qui semble et croit perturber une
relation qu'en fait il favorise en poussant les interlocuteurs à se rapprocher pour exclure le bruit gênant qui les
empêche de s'entendre. Confident de rencontre, prêteur
sans gages et homme sans nom pour en avoir trop d'un,
ces fonctions lui confèrent l'inconsistance des utilités :
son effacement est comme programmé par la situation.

On se confie à lui, ç'aurait pu être à quelqu'autre :
Horace avait besoin de s'épancher. Comme il prête son
attention, il prête son argent, monnaie sans visage,
bonne à obliger des amis ou à conquérir des belles, outil
de l'échange anonyme, joker. Enfin son nom d'emprunt,
de surcroît déformé (« C'est, je crois, de la Zousse, ou
Source, qu'on le nomme », v. 328), finit par évider celui
qu'il désigne : nom vide comme un domino blanc, qui
permet de dévier la confidence en révélation, de renverser la loi d'ordre des victoires, de changer le hasard en
défi, et les projets secrets de fuite en fuite des secrets et
des projets. Comme l'argent, comme le carrefour où par
hasard l'on se rencontre, comme le joker, le nom de La
Souche a toutes les valeurs pour n'en avoir aucune, chimère et tronc pourri pour l'un, seigneurie et parade au
sort cornu pour l'autre, rien et surtout pas Arnolphe
pour Horace. La partie finie, le joker perd la valeur à
laquelle il avait cru pouvoir prétendre durant le jeu :

> Si n'être point cocu vous semble un si grand bien,
> Ne vous point marier en est le vrai moyen.

(v. 1762-1763)

À ces mots, Arnolphe anéanti disparaît.

Cette situation est révélatrice, elle aussi. Elle impulse ce qui nous paraît être la philosophie profonde de la comédie. Tandis que les amants épousent la variété et la métamorphose des espaces et des mots, du temps et des choses, tandis qu'Horace entremet, bouleverse, s'ébroue, caquette, qu'Agnès se dévoue, se promet, se découvre, se transforme, Arnolphe épuise toute son activité à stocker, enfermer et bloquer, conserver et protéger, lutter contre la disparition, l'annulation, la mort. Les jeunes amants acceptent le flux du monde, déclenchent faits et ruses en cascade, sautant allègrement de palier en palier, s'adaptant aux méandres, détournant le cours des événements, assurés que le temps travaille pour eux, que le monde coule dans leur sens. Arnolphe, lui, cherche à tout verrouiller : l'éducation dont il se charge vise à maintenir une femme en enfance (v. 140) ; les maximes de vie qu'il professe prétendent figer l'ordre social au nom des lois intangibles de la nature (v. 1687-1695) ; impropre à l'action, la duplicité rusée de ses actes parasitaires ne dépasse pas le stade de la réaction : tout ce qu'il imagine, c'est de faire jeter un grès en travers d'une intrigue qui s'ébauche et dont il prétend ainsi bloquer le mouvement (v. 392) — par tout ce qu'il entreprend, il semble vouloir suspendre le cours du temps.

Entre eux et lui, la différence n'est pas tant ou d'abord dans le parti pris éthique, l'attitude devant la nature, les maximes de vie, que dans la relation au temps et à l'espace ; pas tant dans la manière de vivre la division que leur impose leur métamorphose intérieure, que dans le refus ou l'acceptation d'une mutation intime : Arnolphe représente ce qui en tout homme refuse de bouger, de changer, sans doute parce que l'on sent confusément que le terme en est la mort. Son hypocrisie est celle de notre vie, parasite d'une plus vaste réserve de productions et d'échanges dont nous rêvons de renverser au mieux ou de retarder au moins l'écoulement qui nous emportera. En ce sens, Horace a pour première qualité son étourderie impétueuse et son ardeur généreuse, Agnès sa disponibilité et sa capacité à s'éveiller, à sortir de son carcan (v. 1559 : « Je ne veux plus passer pour sotte, si je puis »), et Arnolphe pour faiblesse de croire échapper à l'humaine loi.

DOCUMENTS

On ne trouvera pas ici le texte, ni en totalité ni en partie, des comédies de la querelle. Elles auraient leur place en annexe d'une édition de *La Critique de l'École des femmes* et *L'Impromptu de Versailles*. Elles peuvent être consultées sous forme de larges extraits dans l'édition des *Œuvres complètes de Molière* procurée par Georges Couton dans la « Bibliothèque de la Pléiade » (1971, t. I, p. 1011-1142) et *in extenso* dans le volume intitulé *La Querelle de L'École des femmes* composé par Georges Mongrédien pour la « Société des Textes Français Modernes » (1971). On a préféré présenter quelques documents « volants » suscités sur-le-champ ou après coup par la représentation de *L'École des femmes* ou apparus dans son contexte, et situés en marge de la polémique qui réclamerait à elle seule un volume anthologique.

Jean Loret, *La Muse historique ou recueil des lettres en vers contenant les nouvelles du temps.*

> Le roi festoya, l'autre jour,
> La plus fine fleur de sa cour,
> Savoir sa mère, et son épouse,
> Et d'autres, jusqu'à plus de douze,
> Dont ce monarque avait fait choix.
> Ce fut la veille, ou jour des Rois ;

Certes, ce festin admirable
N'eut jamais rien de comparable,
Plusieurs sont d'accord sur ce point ;
Et quoique je n'y fusse point,
J'en puis bien tenir ce langage :
Car un solide personnage
Qui vit ce rare souper-là,
M'en a parlé comme cela,
Mais sans me dire chose aucune
Des noms de chacun et chacune
Qui furent du susdit repas,
Ainsi, je ne les nomme pas.
Pour premier et charmant régale,
Avant cette chère royale,
Où résonna maint violon,
Dans une salle, ou beau salon,
Pour divertir seigneurs et dames,
On joua *L'École des femmes*,
Qui fit rire Leurs Majestés
Jusqu'à s'en tenir les côtés,
Pièce, aucunement [1], instructive
Et, tout à fait, récréative,
Pièce, dont Molière est auteur,
Et, même, principal acteur,
Pièce qu'en plusieurs lieux on fronde ;
Mais où, pourtant, va tant de monde,
Que, jamais, sujet important
Pour le voir, n'en attira tant,
Quant à moi, ce que j'en puis dire,
C'est que, pour extrêmement rire,
Faut voir, avec attention,
Cette représentation,
Qui peut, dans son genre comique,
Charmer le plus mélancolique,
Surtout, par les simplicités,
Ou plaisantes naïvetés,

---

1. Jusqu'à un certain point, d'une certaine manière, en quelque sorte.

> D'Agnès, d'Alain, et de Georgette,
> Maîtresse, valet, et soubrette :
> Voilà dès le commencement,
> Quel fut mon propre sentiment,
> Sans être, pourtant, adversaire
> De ceux qui sont d'avis contraire,
> Soit gens d'esprit, soit innocents,
> Car chacun abonde en son sens.

> Lettre du samedi 13 janvier 1663, v. 25-74.

Nicolas Boileau-Despréaux, *Stances à M. de Molière sur la comédie de l'École des femmes que plusieurs gens frondaient.*

> En vain mille jaloux esprits,
> Molière, osent avec mépris
> Censurer ton plus bel ouvrage ;
> Sa charmante naïveté
> S'en va pour jamais d'âge en âge
> Divertir la postérité.

> Que tu ris agréablement !
> Que tu badines savamment !
> Celui qui sut vaincre Numance [1],
> Qui mit Carthage sous sa loi,
> Jadis sous le nom de Térence
> Sut-il mieux badiner que toi ?

> Ta Muse avec utilité
> Dit plaisamment la vérité ;
> Chacun profite à ton *École* ;
> Tout en est beau, tout en est bon ;
> Et ta plus burlesque parole
> Est souvent un docte sermon.

---

1. La tradition voulait que Scipion, vainqueur de Numance, eût collaboré à la rédaction des comédies de Térence, le poète latin.

> Laisse gronder tes envieux ;
> Ils ont beau crier en tous lieux
> Qu'en vain tu charmes le vulgaire,
> Que tes vers n'ont rien de plaisant :
> Si tu savais un peu moins plaire,
> Tu ne leur déplairais pas tant.

[*in*] *Les Délices de la poésie galante,* Paris, 1663, p. 176-177 [1].

Molière, *Remerciement au Roi.* À Paris, chez Guillaume de Luyne(s) et Gabriel Quinet, 1663.

> Votre paresse enfin me scandalise,
> Ma Muse obéissez-moi ;
> Il faut ce matin, sans remise,
> Aller au lever du Roi :
> Vous savez bien pourquoi,
> Et ce vous est une honte,
> De n'avoir pas été plus prompte,
> À le remercier de ses fameux bienfaits :
> Mais il vaut mieux tard, que jamais ;
> Faites donc votre compte [2],
> D'aller au Louvre accomplir mes souhaits.
> Gardez-vous bien d'être en Muse bâtie ;
> Un air de Muse est choquant dans ces lieux :
> On y veut des objets à réjouir les yeux,
> Vous en devez être avertie,
> Et vous ferez votre cour beaucoup mieux,
> Lorsqu'en Marquis vous serez travestie.
> Vous savez ce qu'il faut pour paraître Marquis.
> N'oubliez rien de l'air, ni des habits :
> Arborez un Chapeau garni de trente plumes
> Sur une Perruque de prix ;

10

20

---

1. Nous citons l'édition de 1701, revue par Boileau, qui diffère sensiblement de l'originale, où avait été ajoutée une strophe d'attribution discutée.   2. Prenez la décision.

Que le rabat soit des plus grands Volumes,
Et le pourpoint des plus petits :
Mais surtout je vous recommande
Le Manteau d'un ruban sur le dos retroussé :
La galanterie en est grande,
Et parmi les Marquis de la plus haute bande,
C'est pour être placé.
Avec vos brillantes hardes,
30   Et votre ajustement,
Faites tout le trajet de la Salle des Gardes,
Et vous peignant galamment,
Portez de tous côtés vos regards brusquement,
Et ceux que vous pourrez connaître,
Ne manquez pas d'un haut ton,
De les saluer par leur nom,
De quelque rang qu'ils puissent être ;
Cette familiarité
Donne, à quiconque en use, un air de qualité.
40   Grattez du peigne à la porte
De la Chambre du Roi,
Ou si, comme je prévois,
La presse s'y trouve forte,
Montrez de loin votre Chapeau,
Ou montez sur quelque chose,
Pour faire voir votre museau.
Et criez, sans aucune pause,
D'un ton rien moins que naturel,
Monsieur l'Huissier pour le Marquis un tel.
50   Jetez-vous dans la foule, et tranchez du notable[1].
Coudoyez un chacun ; point du tout de quartier[2].
Pressez, poussez, faites le Diable,
Pour vous mettre le premier :
Et quand même l'Huissier,
À vos désirs inexorable,
Vous trouverait en face un Marquis repoussable,
Ne démordez point pour cela,

---

1. Affectez l'air d'un personnage important.   **2.** N'ayez pas de pitié (image militaire).

Tenez toujours ferme là ;
À déboucher la porte il irait trop du vôtre [1] :
60   Faites qu'aucun n'y puisse pénétrer,
Et qu'on soit obligé de vous laisser entrer,
   Pour faire entrer quelqu'autre.
Quand vous serez entré, ne vous relâchez pas.
Pour assiéger la chaise [2], il faut d'autres combats.
  Tâchez d'en être des plus proches,
  En y gagnant le terrain pas à pas ;
Et si des assiégeants le prévenant amas [3]
  En bouche toutes les approches,
  Prenez le parti doucement,
70   D'attendre le Prince au passage :
  Il connaîtra votre visage,
  Malgré votre déguisement,
  Et lors, sans tarder davantage,
  Faites-lui votre compliment.

  Vous pourriez aisément l'étendre,
Et parler des transports, qu'en vous font éclater,
Les surprenants bienfaits, que sans les mériter,
Sa libérale main sur vous daigne répandre,
Et des nouveaux efforts, où s'en va vous porter
80 L'excès de cet honneur où vous n'osiez prétendre ;
  Lui dire comme vos désirs
 Sont, après ses bontés, qui n'ont point de pareilles,
D'employer à sa gloire, ainsi qu'à ses plaisirs
  Tout votre art et toutes vos veilles ;
 Et là-dessus lui promettre merveilles.
Sur ce chapitre on n'est jamais à sec :
Les Muses sont de grandes prometteuses,
  Et comme vos Sœurs les causeuses,
Vous ne manqueriez pas, sans doute, par le bec :
90 Mais les Grands Princes n'aiment guère,
  Que les compliments, qui sont courts ;

---

1. Vous perdriez trop. **2.** Celle du roi, à côté de son lit.
3. La masse des assiégeants qui vous ont devancé (sens ancien de
« prévenir »).

Et le nôtre surtout a bien d'autres affaires,
    Que d'écouter tous vos discours.
La louange et l'encens n'est pas ce qui le touche,
    Dès que vous ouvrirez la bouche,
    Pour lui parler de grâce, et de bienfait,
Il comprendra d'abord ce que vous voudrez dire,
    Et se mettant doucement à sourire,
D'un air, qui sur les cœurs fait un charmant effet,
100   Il passera comme un trait,
        Et cela vous doit suffire,
    Voilà votre compliment fait.

Jean-Louis Grimarets, *La Vie de M. de Molière*. À Paris,
chez Jacques Le Febvre, dans la grand'Salle du Palais,
au Soleil-d'Or, 1705 (extrait).

   L'École des femmes parut en 1662, avec peu de
succès ; les gens de spectacle furent partagés ; les
Femmes outragées, à ce qu'elles croyaient, débau-
chaient[1] autant de beaux esprits qu'elles le pouvaient, pour juger de cette Pièce comme elles en
jugeaient. « Mais que trouvez-vous à redire d'essentiel à cette pièce ? » disait un Connaisseur à un
Courtisan de distinction. — « Ah parbleu ! ce que
j'y trouve à redire, est plaisant », s'écria l'homme
de Cour ! « *Tarte à la crème*, morbleu, *Tarte à la
crème*. — Mais *Tarte à la crème* n'est point un
défaut », répondit le bon esprit, « pour décrier une
Pièce comme vous le faites. — *Tarte à la crème* est
exécrable », répliqua le Courtisan. « *Tarte à la crème* ! bon Dieu ! avec du sens commun, peut-on
soutenir une Pièce où l'on ait mis *Tarte à la crème* ? » Cette expression se répétait par écho parmi
tous les petits esprits de la Cour et de la Ville, qui
ne se prêtent jamais à rien, et qui incapables de
sentir le bon d'un Ouvrage, saisissent un trait

---

1. Attiraient à leur parti, à leur point de vue.

faible, pour attaquer un Auteur beaucoup au-dessus de leur portée. Molière, outré à son tour des mauvais jugements que l'on portait sur sa Pièce, les ramassa, et en fit *La Critique de l'École des femmes*, qu'il donna en 1663.

Éd. crit. par Georges Mongrédien, Paris, Brient, 1955 (Slatkine repr., 1971), p. 52-53.

Antoine Auguste Bruzen de la Martinière, *Vie de Molière* (extrait).

Il [*le duc de La Feuillade, qui a cru se reconnaître dans le Marquis ridicule de La Critique de l'École des femmes*] s'avisa[1] d'une vengeance aussi indigne d'un homme de sa qualité qu'elle était imprudente. Un jour qu'il vit passer Molière par un appartement où il était, il l'aborda avec des démonstrations d'un homme qui voulait lui faire caresse. Molière s'étant incliné, il lui prit la tête, et en lui disant *Tarte à la crème, Molière, tarte à la crème,* il lui frotta le visage contre ses boutons qui, étant fort durs et fort tranchants, lui mirent le visage en sang. Le Roi, qui vit Molière le même jour, apprit la chose avec indignation, et la marqua au duc, qui apprit à ses dépens combien Molière était dans les bonnes grâces de Sa Majesté. Je tiens ce fait d'une personne contemporaine qui m'a assuré l'avoir vu de ses propres yeux[2].

[*in*] *Les Œuvres de M. de Molière*, La Haye, 1725, p. XXVII.

---

1. Eut l'idée. 2. Ce qui n'empêche pas que l'anecdote ne semble légendaire.

Louis XIII, Anne d'Autriche et le cardinal de Richelieu
dans la nouvelle salle des machines du Palais Cardinal.

CHRONOLOGIE

Avant L'École des femmes

1622 — *15 janvier*. — Baptême de Jean(-Baptiste), premier fils de Jean Poquelin et de Marie Cressé, sa
femme. Dynastie de marchands tapissiers des deux
côtés. Jean-Baptiste aura trois frères et deux sœurs.

1631 — *22 avril*. — Achat d'une charge de « tapissier et
valet de chambre ordinaire du roi » par Jean Poquelin
(fourniture des demeures royales en meubles et
décors). C'est un signe de réussite et d'aisance.

1632 — *11 mai*. — Mort de Marie Cressé.

1633 — *11 avril*. — Remariage de Jean Poquelin avec
Catherine Fleurette, fille d'un sellier. Elle est sa
cadette de plus de dix ans. Ils auront trois filles, dont
deux survivront.

1636 — *12 novembre*. — Mort de Catherine Fleurette.

1637 — *14 décembre*. — Jean Poquelin obtient la survi-
vance de sa charge pour son fils (le droit de la lui
passer). Jean-Baptiste futur tapissier ?

1643 — *6 janvier*. — Après des études dont on ne sait
rien de sûr (humanités au collège de Clermont, actuel
lycée Louis-le-Grand, chez les jésuites ? études de
droit à Orléans ?), Jean-Baptiste renonce à la succession de la charge de tapissier et reçoit sa part de l'héritage de sa mère.

30 juin. — Contrat de fondation de l'Illustre Théâtre

entre Jean-Baptiste, six autres comédiens et la famille Béjart, emmenée par Madeleine (née en 1618). La troupe s'installe au jeu de Paume des Métayers, rive gauche (actuelle rue Mazarine).

1644 — *28 juin*. — Jean-Baptiste Poquelin signe « Molière » un contrat d'engagement d'un danseur par la troupe. Personne n'a jamais connu l'origine de ce pseudonyme.

19 décembre. — Déménagement au jeu de Paume de la Croix-Noire, rive droite (actuellement quai des Célestins). Molière est chef de la troupe.

1645 — *2-4 août*. — Insuccès et dettes conduisent Molière en prison. Il en sort immédiatement. Les créances seront lentement remboursées.

Automne. — Molière parti en province y rejoint à une date incertaine (avec partie de ses compagnons) la troupe de Dufresne. Tournées à Nantes, Poitiers, Agen, Toulouse, Albi, Pézenas, Grenoble, Lyon.

1653 — *Septembre*. — La troupe qui avait d'abord appartenu au duc d'Épernon reçoit à Pézenas le parrainage du prince de Conti. Début d'un long séjour dans le Sud-Est, Languedoc et région lyonnaise. Molière participe à la rédaction de petites farces d'origine française ou italienne. On a conservé de sa plume (?) *Le Médecin volant, La Jalousie du Barbouillé*, peut-être un *Docteur amoureux* adapté de Gillet de la Tessonnerie.

1654-1655 — Molière participe à la rédaction peut-être et à la création assurément du *Ballet des Incompatibles* à Montpellier pour Conti. Début 1655 (?), création de *L'Étourdi* à Lyon.

1655-1656 — Tournées à Pézenas, Narbonne, Bordeaux, Agen, Béziers. Création de *Dépit amoureux* pour les États de Languedoc à Béziers en décembre 1656.

1657 — *Mai*. — Conti soudain « converti » (*ie* revenu à la religion) désavoue ses comédiens et leur retire son nom et sa protection.

1658 — *Mai*. — La troupe est à Rouen, joue au jeu de

Paume des Braques et évolue dans la sphère des frères Corneille, Pierre et Thomas, tous deux rouennais.

Octobre. — Retour à Paris, la troupe se donne à Monsieur, frère unique du roi.

24 octobre. — La troupe de Monsieur joue au Louvre devant le roi *Nicomède* et, avec grand succès, la petite farce du *Docteur amoureux*. Louis XIV l'installe dans la salle du Petit-Bourbon, à partager avec les comédiens italiens de Scaramouche (T. Fiorelli) qui quitteront Paris l'année suivante.

2 novembre. — Succès des créations parisiennes de *L'Étourdi* et *Dépit amoureux*. Molière semble avoir eu moins de bonheur avec le répertoire cornélien dans lequel il cherche à s'imposer : dès les années de province, il s'était fait portraiturer par Nicolas Mignard en costume de César dans *La Mort de Pompée*.

1659 — *Pâques*. — Dufresne se retire définitivement, Molière chef incontesté de la troupe réduite à sept comédiens en engage cinq nouveaux dont Jodelet, le farceur, et La Grange qui commence à tenir le registre de la compagnie.

18 novembre. — *Les Précieuses ridicules*. Vif succès, notoriété et jalousies. La pièce est « piratée » par l'éditeur Ribou. Molière doit donc la faire imprimer dès la fin janvier 1660 par son propre libraire, de Luyne, pour ne pas perdre la propriété de son texte.

1660 — *6 avril*. — Molière reprend à la mort de son cadet la charge de tapissier du roi, de façon à la conserver dans la famille. Son père accomplit les tâches commerciales qu'il ne peut remplir.

28 mai. — *Sganarelle ou le Cocu imaginaire*. Premier exemple d'un « imaginaire » (*ie* visionnaire) ridicule empruntant dans une comédie le masque jusque-là farcesque de Sganarelle.

31 mai. — Molière prend un privilège pour l'impression de ses trois comédies encore inédites et pour un *Dom Garcie de Navarre* à venir.

12 août. — Édition du *Cocu imaginaire*, chez Ribou,

suite à un accord avec Molière après un nouvel acte de piraterie éditoriale de ce libraire indélicat.

11 octobre. — Démolition du Petit-Bourbon pour faire place à la future colonnade du Louvre. Le roi donne à Molière la salle du Palais-Royal, qu'il faut restaurer et aménager.

1661 — *20 janvier.* — Inauguration de la salle nouvelle (avec *Dépit amoureux*).

4 février. — *Dom Garcie de Navarre.* La comédie module le thème du *Cocu imaginaire* dans le genre mixte de la « comédie héroïque ». Échec de la pièce, qui renvoie Molière à l'écriture proprement comique. L'ouvrage ne sera même pas imprimé.

24 juin. — *L'École des maris* reprend la voie du ridicule (retour du masque de Sganarelle) et le thème de la jalousie maladive et malavisée. Le succès s'affirme assez rapidement.

17 août. — Conçue, composée, apprise et répétée en une quinzaine, affirme Molière, la comédie des *Fâcheux* mêlée d'entrées de ballets et de musique s'insère dans les fêtes données au roi à Vaux par le surintendant Fouquet qui sera bientôt arrêté. La Fontaine en fait une relation enthousiaste, qui loue au passage Molière pour son observation de la « nature » (humaine).

4 novembre. — Création et succès des *Fâcheux* au Palais-Royal. L'œuvre sortira des presses de Guignard le 18 février suivant.

1662 — *Début janvier.* — Retour des Italiens à Paris, où ils vont de nouveau partager la salle de Molière. Débuts parisiens de D. Biancolelli en Arlequin.

23 janvier. — Riche, installé rue Saint-Thomas-du-Louvre, en face du Palais-Royal, à la même adresse que les Béjart, Molière se lie devant notaire à leur très jeune sœur, Armande. La cérémonie religieuse a lieu, assez discrètement semble-t-il, le 20 février. Molière n'est pas désigné dans l'acte comme comédien — métier peu apprécié par l'Église.

8-14 mai. — La troupe conviée à Saint-Germain par

le roi donne huit comédies, deux de Scarron, le reste de Molière : signe de faveur éminente et gratification de 3000 livres (dont la moitié pour Molière).

Juin. — La troupe atteint le nombre inégalé jusqu'alors, et par la suite, de quatorze comédiens (quinze si Armande Béjart y est déjà intégrée).

24 novembre. — Impression de *Dépit amoureux.*

L'École des femmes et la querelle

1662 — *26 décembre.* — *L'École des femmes.* Recette élevée (1518 livres) et triomphe immédiatement frondé, semble-t-il.

1663 — *1er janvier* (?). — N. Boileau, *Stances à M. de Molière sur la comédie de l'École des femmes que plusieurs gens frondaient.*

6 janvier. — Représentation triomphale au Louvre devant le roi et les reines, évoquée par la gazette de Loret, *La Muse historique,* du samedi 13 janvier (v. 25-74).

4 février. — Privilège pour l'impression de *L'École des femmes* attribué à de Luyne. Il le partagera avec sept confrères.

9 février. — J. Donneau de Visé, *Nouvelles nouvelles divisées en trois parties.* La carrière de Molière et ses œuvres, dont *L'École des femmes,* sont évoquées de manière venimeuse aux pp. 210-243 du t. III.

12 mars. — Gratification du roi (4000 livres) pour la troupe. « En ce même temps, M. de Molière a reçu pension du roi en qualité de bel esprit et a été couché sur l'état pour la somme de 1000 livres, sur quoi il fit un remerciement en vers pour sa Majesté [*rajout plus tardif* : Imprimé dans ses œuvres]. » Cette note de La Grange fut peut-être ajoutée au *Registre* seulement à la fin de 1663, dans l'espace blanc du relâche de Pâques entre les saisons 62-63 et 63-64. Le *Remerciement au roi* est imprimé en plaquette par de Luyne et Quinet dans l'année (date exacte inconnue).

17 mars. — Achevé d'imprimer de *L'École des femmes*

par de Luyne et ses sept confrères. Dédicace à Madame et préface de Molière. On en connaît trois tirages. Outre quelques contrefaçons, l'œuvre sera rééditée chez Barbin en 1665, puis dans les éditions collectives posthumes.

1663 — *1er juin*. — Première de *La Critique de l'École des femmes*, à la suite de *L'École des femmes*, au Palais-Royal. Recette de 1357 livres. Par comparaison, la recette des 15, 18 et 20 mai pour *L'École des femmes* seule était de 166, 210 et 225 livres. Elle se maintient au-dessus de 1200 jusqu'au 17 juin (1731 le 15). Il est vrai que le prix des places est doublé pour la création d'une œuvre nouvelle.

27 juillet. — L'abbé d'Aubignac, dans sa *Quatrième dissertation sur le poème dramatique* parue à cette date, accuse les frères Corneille d'être fauteurs de la cabale contre Molière (p. 115).

4 août. — J. Donneau de Visé, *Zélinde ou la Véritable Critique de l'École des femmes* (privilège du 15 juillet. Ach. d'impr. le 4 août par de Luyne). Retourne contre Molière la méthode et les arguments de sa *Critique*. On ne sait si l'Hôtel de Bourgogne la joua (vraisemblablement pas).

Fin septembre ou début octobre. — E. Boursault, *Le Portrait du Peintre ou la Contre-Critique de l'École des femmes*. Jouée à l'Hôtel de Bourgogne. À la forgerie telle que la pratique *Zélinde* s'ajoutaient des attaques personnelles scabreuses, notamment une « Chanson de la coquille » qui s'en prenait à Madeleine Béjart en termes obscènes (Donneau de Visé la revendiquera).

16-21 octobre. — Création de *L'Impromptu de Versailles* au cours d'un séjour au domaine de Versailles à l'invitation de Louis XIV. Molière y parodie le jeu de l'Hôtel de Bourgogne, réplique avec mépris à Boursault, prie ses adversaires de rester dans les bornes de la décence et annonce qu'il se taira désormais.

17 novembre. — Impression chez Sercy du *Portrait du Peintre* édulcoré : suppression de la « Chanson de la coquille » et d'autres (?) allusions obscènes évoquées par *L'Impromptu de Versailles*.

30 novembre. — Achevé d'imprimer chez Sercy du *Panégyrique de l'École des femmes* de Ch. Robinet (privil. du 30 oct.) en forme de conversation contournée brassant les thèmes de la querelle dans une optique apparemment balancée, en réalité très hostile à Molière.

Novembre ? — Le Boulanger de Chalussay écrit peut-être *Le Divorce comique*, qui sera intégré dans son *Élomire hypocondre* de 1670, précédé d'une préface (contemporaine de la querelle ?) évoquant un portrait de soi que Molière avait l'intention de donner au public — allusion au *Misanthrope* en préparation ?

7 décembre. — Impression par Ribou de *Réponse à l'Impromptu de Versailles ou la Vengeance des marquis*, dans les *Diversités galantes* de J. Donneau de Visé (p. 79-154). L'auteur tente de dresser contre Molière les gens du monde qui le soutiennent tout en le stigmatisant comme farceur vulgaire, plagiaire et opportuniste. L'œuvre offre aussi une *Lettre sur les affaires du théâtre* qui reprend les attaques traditionnelles contre les œuvres de Molière (p. 1108 et suiv.).

11 décembre. — La troupe de Molière joue *La Critique* et *L'Impromptu* à l'Hôtel de Condé pour le mariage du fils du prince. Lors des mêmes festivités sans doute, ou immédiatement après, représentation(s) de *L'Impromptu de l'Hôtel de Condé* de Montfleury fils qui retourne contre celui de Versailles les parodies et les moqueries de Molière au détriment des Grands Comédiens. La pièce est imprimée le 19 janvier suivant par Pépingué.

1664 — *29 janvier.* — *Le Mariage forcé*, comédie mêlée de ballet, est créée au Louvre chez la reine mère. Le roi y danse. L'œuvre est donnée sur le Théâtre du Palais-Royal le 15 février.

7 février. — Impression des *Amours de Calotin* de J. Chevalier, comédien-poète du Théâtre du Marais. L'acte I et la première scène du II présentent une conversation de salon mêlant honnêtes gens et personnages comiques du temps (le marquis de Mascarille, M. de La Souche) sur les sujets de la querelle.

28 février. — Louis XIV parraine le premier fils de Molière. Madame, belle-sœur du roi, est sa marraine. L'enfant mourra huit mois plus tard.

17 mars. — Impression par Bienfaict de *La Guerre comique ou la Défense de l'École des femmes* de Ph. de la Croix (privil. 13 mars). Démarque les arguments de *Zélinde* et du *Portrait du Peintre* sous forme d'un dialogue allégorique burlesque suivi de disputes dialoguées entre gens du monde.

Après la querelle de L'École des femmes

30 avril-22 mai. — Dans le cadre des *Plaisirs de l'Ile enchantée* à Versailles, création de *La Princesse d'Élide* (8 mai) et d'un *Tartuffe* en trois actes (12 mai) qui est interdit sous pression de la cabale mue par la Compagnie du Saint-Sacrement.

1665 — *15 février.* — *Dom Juan* au Théâtre du Palais-Royal jusqu'au relâche de Pâques. Retiré de l'affiche après ces quinze représentations.

14 septembre. — *L'Amour médecin*, comédie mêlée de musique et de ballet, est créé à l'impromptu pour la cour, à Versailles.

18 décembre. — Racine trahit la troupe du Palais-Royal en faisant jouer son *Alexandre* à l'Hôtel de Bourgogne quatorze jours après sa création chez Molière.

29 décembre-21 janvier 1666. — Maladie de Molière.

1666 — *4 juin.* — *Le Misanthrope* au Palais-Royal.

6 août. — *Le Médecin malgré lui* au Palais-Royal. Dernier avatar du masque de Sganarelle.

1667 — *1ᵉʳ décembre-20 février.* — Participation de la troupe aux festivités royales du *Ballet des Muses* à Saint-Germain. Création de plusieurs comédies mêlées de ballet : la pastorale héroïque *Mélicerte* inachevée, une *Pastorale comique* en grande partie perdue qui la remplace à partir du 5 janvier, enfin *Le Sicilien ou l'Amour peintre* à partir du 14 février.

1667 — *5 août.* — Après une interruption en avril-mai (rechute de Molière ?), la troupe reprend ses représentations et fait jouer *L'Imposteur,* nouvelle version de *Tartuffe* immédiatement interdite sur ordre du président de Lamoignon, agissant en place du roi parti en campagne. La pièce nous est connue par la longue analyse de la *Lettre sur la comédie de l'Imposteur* anonyme (La Mothe le Vayer ?).

1668 — *13 janvier.* — *Amphitryon* au Palais-Royal.

18 juillet. George Dandin ou le Mari confondu, comédie mêlée de ballet, est créé pour le roi dans le cadre du *Grand divertissement royal de Versailles.*

9 septembre. — *L'Avare* au Palais-Royal.

1669 — *5 février.* — Première de *Tartuffe ou l'Imposteur* enfin autorisé. Le montant de la recette (2860 livres) ne sera jamais égalé par aucune autre création de Molière.

4 avril. — Impression du poème *La Gloire du Val-de-Grâce* en hommage à la fresque peinte par Pierre Mignard pour la coupole de l'église du couvent fondé par Anne d'Autriche.

6 octobre. — Création à Chambord pour le roi de *Monsieur de Pourceaugnac,* comédie mêlée de ballet.

1670 — *4 janvier.* — Impression d'*Élomire hypocondre,* comédie-pamphlet de Le Boulanger de Chalussay.

4 février. — *Les Amants magnifiques,* comédie mêlée de musique et de ballet, à Saint-Germain pour le roi qui en avait suggéré le thème galant.

14 octobre. — *Le Bourgeois gentilhomme,* comédie-ballet, est créé à Chambord devant le roi qui semble avoir demandé un divertissement où il entrât de la turquerie. Lully joue le Mufti dans la cérémonie d'intronisation du « mamamouchi ».

1671 — *17 janvier.* — Création collective dans la salle des Tuileries de *Psyché,* tragédie-ballet. Molière a défini la structure de l'ouvrage mais a laissé Corneille en versifier l'essentiel. Quinault a écrit les paroles des airs chantés et Lully la musique comme à l'accoutumée.

24 mai. — *Les Fourberies de Scapin* au Palais-Royal.

24 juillet. — Création de *Psyché* au Palais-Royal. Dans les semaines précédentes, la troupe a consenti de lourds travaux d'aménagement destinés à mieux accueillir les pièces mêlées de danse et de musique qui ont la faveur du public.

2 décembre. — Dans le cadre du *Ballet des ballets* de Saint-Germain, anthologie des spectacles récents donné à la cour, Molière crée une *Pastorale* disparue et *La Comtesse d'Escarbagnas,* comédie mêlée de musique et de ballet, première de ses pièces où il ne se distribue pas de rôle. Signe d'une dégradation de sa santé ?

1672 — *11 mars.* — *Les Femmes savantes* au Palais-Royal.

13 mars. — Poussé par Colbert, Lully sollicite le privilège exclusif pour toute représentation dramatique mêlée de musique sur la scène française. Molière obtiendra des aménagements pour pouvoir continuer à donner des comédies-ballets avec un effectif restreint de musiciens et de danseurs. Mais la rupture est consommée entre les deux hommes.

8 juillet. — Pour la reprise de *La Comtesse d'Escarbagnas* au Palais-Royal, Molière fait recomposer la musique par Charpentier.

20 septembre. — Privilège exclusif accordé à Lully pour la propriété des œuvres créées par son Académie de musique — y compris les « paroles, sujets, desseins et ouvrages sur lesquels lesdits airs auront été composés ».

1673 — *10 février.* — *Le Malade imaginaire*, comédie mêlée de musique et de ballet, est créé au Palais-Royal. Musique de Charpentier. Un prologue à la gloire de Louis XIV suggère que Molière espérait une invitation à la cour qui ne vint pas.

17 février. — Molière meurt (d'une rupture d'un anévrisme ?) entre neuf et dix heures du soir dans sa maison de la rue Richelieu, après avoir donné la quatrième du *Maladie imaginaire* avec difficulté.

24 février. — Le Palais-Royal rouvre avec *Le Misanthrope*. Baron joue Alceste.

3 mai. — Contrat entre Armande Béjart et les anciens compagnons de Molière (sauf La Thorillière et Baron, passé à l'Hôtel de Bourgogne) avec Rosimond, du Marais, pour fonder une troupe qui s'installe le 23 mai rue Guénégaud et s'associe le 23 juin les autres comédiens du Marais.

9 juillet. — Première de la « Troupe du roi en son hôtel de la rue Guénégaud ». On joue *Tartuffe*.

24 août. — Première reprise de *L'École des femmes* depuis la mort de Molière. Rosimond joue Arnolphe.

1680 — *22 août.* — Le roi ordonne la fusion des troupes des hôtels de Bourgogne et Guénégaud. La Comédie-Française est née : une lettre de cachet du 21 octobre entérinera la décision. La troupe nouvelle donne le 26 août *Phèdre* de Racine et le 27 *Le Misanthrope*.

13 septembre. — Première représentation à la Comédie-Française de *L'École des femmes* suivie de *La Critique de l'École des femmes*. Catherine De Brie, née entre 1620 et 1630 (?), est toujours Agnès. Selon du Tralage cité par les frères Parfaict (*Histoire du théâtre français*, t. XII), une rébellion du public lui interdit « quelques années avant sa retraite du théâtre » de céder le rôle à Mlle Du Croisy sa cadette désignée pour lui succéder : « Elle le jouait encore à soixante et cinq ans » (c'est-à-dire autour de 1685-1690).

1682 — *30 juin.* — Impression des six premiers volumes des œuvres complètes de Molière dans l'édition réalisée par La Grange et Vivot à partir des manuscrits du poète. *L'École des femmes* figure au t. II, p. 133-235.

BIBLIOGRAPHIE

La bibliographie moliériste est pléthorique. On ne trouvera ici qu'une sélection restreinte et nécessairement arbitraire de quelques titres dans chacun des principaux secteurs de la recherche.

Choix d'éditions

L'Escole des femmes. Comedie. Par I.B.P. Molière. À Paris, chez Guillaume de Luyne (ou Jean Guignard le fils, Ch. de Sercy, C. Barbin, E. Loyson, L. Billaine, G. Quinet, T. Jolly), 1663. Un vol. in-12. [Édition originale. Trois tirages connus + diverses contrefaçons.]

Les Œuvres de Monsieur de Molière. Reveuës, corrigées & augmentées. À Paris, chez Denys Thierry, Claude Barbin et Pierre Trabouillet, 1682. 6 vol. in-12 + 2 vol. d'*Œuvres posthumes*, 1682. [Édition collective de référence procurée par La Grange associé à Vivot et Marcel. *L'École des femmes* figure au t. II, p. 133-235.]

Œuvres de Molière. Nouvelle édition... par Eugène Despois (et Paul Mesnard à partir du t. VI), Paris, Hachette, « Les Grands Écrivains de la France », 1873-1900. 9 vol. suivis d'un vol. de notice bibliographique, additions et corrections. [*L'École des femmes* figure au t. III, p. 105-279.]

Œuvres complètes de Molière. Édition établie, présentée et annotée par René Bray, Paris, Les Belles Lettres, « Les textes français », 1935-1952, 8 vol. [*L'École des femmes* figure au t. « 1661-1663 » (1939), p. 201-294.]

Œuvres complètes, Molière. Textes établis, présentés et annotés par Georges Couton, Paris, Gallimard, NRF, « Bibliothèque de la Pléiade », 1971, 2 vol. [*L'École des femmes* figure au t. I, p. 527-626.]

L'École des femmes. Comédie. 1662. Préface de Marcel Maréchal. Commentaires et notes de Roger Duchêne. Paris, LGF, Le Livre de Poche, 1986.

L'École des femmes. Édition présentée, établie et annotée par Jean Serroy, Paris, Gallimard, « Folio classique », 2000.

La Querelle de l'École des femmes. Comédies de Jean Donneau de Visé, Edme Boursault, Charles Robinet, A.J. Montfleury, Jean Chevalier, Philippe de La Croix. Édition critique par Georges Mongrédien, Paris, Didier pour la Société des Textes Français Modernes, 1971, 2 vol.

Bibliographies et bilans critiques

***« Visages de Molière », *Œuvres & Critiques*, VI, 1 (1981), p. 1-132.

COLLINET, Jean-Pierre, *Lectures de Molière*, Paris, A. Colin, coll. « U² », 1974.

COUTON, Georges, « État présent des études sur Molière », *L'Information littéraire*, n° 25 (janvier-février 1973), p. 7-9.

GUIBERT, Albert-Jean, *Bibliographie des Œuvres de Molière publiées au XVIIe siècle*, Paris, CNRS, (1961) 1977, 2 vol.

HALL, H. Gaston, *The Present State of Molière Studies*, [in] *Molière and the Commonwealth of Letters : Patrimony and Posterity*, Roger Johnson, Editha S. Neumann,

Guy Trail dir., Jackson, Univ. Press of Mississippi, 1975, p. 728-746.

KNUTSON, Harold C., « Molière et la nouvelle critique. Vingt ans après », *Papers on French Seventeenth Century Literature*, vol XI, n° 20 (1984), p. 15-35.

LEINER, Wolfgang, « Contributions américaines aux études moliéresques, 1959-1972 », *Romances Notes*, vol. 15, suppl. 1 (1974), p. 168-186.

PICARD, Raymond, « État présent des études sur Molière », *L'Information littéraire*, n° 10 (mars-avril 1958), p. 53-56.

ROMERO, Laurence, *Molière. Traditions in Criticism 1900-1970*, préf. de Jacques Guicharnaud, *North Carolina Studies in Romance Languages & Literature*, Chapell Hill, N.C., 1974.

SAINTONGE, Paul, *Thirty Years of Molière Studies. A Bibliography 1942-1971*, [in] *Molière and the Commonwealth of Letters*, p. 747-815.

SAINTONGE, Paul et CHRIST, R. W., *Fifty Years of Molière's Studies. A Bibliography (1892-1941)*, Baltimore, The Johns Hopkins U.P., Oxford U.P. et Paris, Les Belles-Lettres, 1942. Suppl. : *Modern Language Notes*, n° 59, 1944, p. 282-285.

Documentation moliériste

BOURQUI, Claude, *Les Sources de Molière. Répertoire critique des sources littéraires et dramatiques*, Paris, SEDES, « Questions de littérature », 1999.

CORVIN, Michel, *Molière et ses metteurs en scène d'aujourd'hui*, Presses Universitaires de Lyon, 1985.

DESCOTES, Maurice, *Les Grands Rôles du théâtre de Molière*, Paris, PUF, (1960) 1976.

DUCHÊNE, Roger, *Molière*, Paris, Fayard, 1998.

GRIMAREST, Jean-Léonor Gallois de, *La Vie de M. de Molière*, Paris, Le Febvre, 1705, in-8°. Rééd. critique de Georges Mongrédien, Paris, M. Brient, 1955 [Slatkine repr., 1973].

JURGENS, Madeleine et MAXFIELD-MILLER, Élisabeth, *Cent ans de recherches sur Molière*, Paris, Imprimerie nationale, SEVPEN, 1963, 860 p., fig. Complété par une livraison de la *Revue d'histoire du théâtre*, XXIVe année, p. 325-440 (1972-4).

LA GRANGE, Charles Varlet dit, *Le Registre de La Grange. 1659-1685, reproduit en fac-similé avec un index et une notice sur La Grange et sa part dans le théâtre de Molière. Notice sur La Grange et son œuvre, comparaison des anciens registres de la Comédie française, historique des premiers recueils de Molière*. Éd. p. p. Bert Edward Young et Grace Philputt Young, Paris, Droz, 1948, 2 vol. de 590 p. [Slatkine repr., 1977, 1 vol.].

LANCASTER, Henry Carrington, *A History of French Dramatic Literature in the Seventeenth Century*, Baltimore, The Johns Hopkins U.P. et Paris, PUF, 1929-1942, 5 parties en 9 vol. 3e partie, vol. I-II : *The Period of Molière, 1652-1672* (1936), 2 vol.

MONGRÉDIEN, Georges, *Dictionnaire biographique des comédiens français au XVIIe siècle*, Paris, CNRS, 1961.

—, *Recueil des textes et des documents du XVIIe siècle relatifs à Molière*, Paris, CNRS, (1965) 1973, 2 vol.

TRUCHET, Jacques [*et alii*], *Thématique de Molière. Six études, suivies d'un inventaire général des thèmes de son théâtre* [par l'A. et Alain Couprie], Paris, SEDES-CDU, 1985.

Études d'ensemble

BRUNETIÈRE, Ferdinand, « La philosophie de Molière : la philosophie de la nature » (1890), repris dans *Études critiques sur l'histoire de la littérature française*, Paris, Hachette, IVe série, 1891, p. 179-242.

BRAY, René, *Molière homme de théâtre*, Paris, Mercure de France, 1954.

CALDICOTT, C.E.J., *La Carrière de Molière entre protecteurs et éditeurs*, Amsterdam, Atlanta, Rodopi, 1998.

CONESA, Gabriel, *Le Dialogue moliéresque. Étude stylistique et dramaturgique*, Paris, PUF, 1983, puis SEDES, 1992.

DANDREY, Patrick, *Molière ou l'esthétique du ridicule*, Paris, Klincksieck, « Bibliothèque d'histoire du théâtre », 1992.

DEFAUX, Gérard, *Molière ou les métamorphoses du comique. De la comédie morale au triomphe de la folie*, Lexington, French Forum, 1980. Rééd. Paris, Klincksieck, « Bibliothèque d'histoire du théâtre », 1992.

EUSTIS, Alvin, *Molière as Ironic Contemplator*, La Haye/Paris, Mouton, 1973.

FORESTIER, Georges, *Molière*, Paris, Bordas, « En toutes lettres », 1990.

GOSSMAN, Lionel, *Men and Masks. A Study of Molière*, Baltimore, The Johns Hopkins Press, 1963.

GRIMM, Jürgen, *Molière en son temps*, traduit de l'allemand par Béatrice Naudet et Françoise Londeix, Paris, Seattle, Tübingen, PFSCL, « Biblio 17 », 1993 [éd. originale : Stuttgart, 1984].

GUTWIRTH, Marcel, *Molière ou l'invention comique. La métamorphose des thèmes et la création des types*, Paris, Minard, Lettres modernes, « Situation », 1966.

HALL, H. Gaston, *Comedy in Context. Essays on Molière*, Jackson, University Press of Mississipi, 1984.

HUBERT, Judd D., *Molière and the Comedy of Intellect*, Berkeley, Univ. of California Press, (1962 et rééd. 1972) 1974.

LAWRENCE, Francis L., *Molière : the Comedy of Unreason*, New Orleans, Tulane Univ. Press, « Tulanes Studies in Romance Language and Literature », 1968.

MC BRIDE, Robert, *The Sceptical Vision of Molière. A Study in Paradox*, Londres, Mc Millan et New York, Harper & Row, 1977.

MICHAUD, Gustave, *Molière. II-Les Débuts de Molière à*

Paris, Paris, Hachette, « Collection de critique et d'histoire », 1923.

MOORE, Will G., *Molière. A New Criticism*, (1949) Garden City, New Jersey, Doubleday and C°, 1962.

MOREL, Jacques, *Agréables mensonges*, Paris, Klincksieck, « Bibliothèque de l'Âge classique », 1991, p. 263-267 et 277-288.

NORMAN, Larry F., *The Public Mirror. Molière and the Social Commerce of Depiction*, Chicago & London, The University of Chicago Press, 1999.

NURSE, Peter Hampshire, *Molière and the Comic Spirit*, Genève, Droz, « Histoire des idées et critique littéraire », 1991.

PARENT, Brice, *Variations comiques ou les réécritures de Molière par lui-même*, Paris, Klincksieck, « Jalons critiques », 2000.

REY-FLAUD, Bernadette, *Molière et la farce*, Paris, Droz, « Histoire des idées et critique littéraire », 1966.

Choix d'études consacrées ou touchant à L'École des femmes

ALBANESE Jr., Ralph, *Le dynamisme de la peur chez Molière : une analyse socioculturelle de* Dom Juan, Tartuffe *et* L'École des femmes, Jackson, Univ. of Mississippi Press, « Romance Monographs », 1976.

ARNAVON, Jacques, *L'École des femmes de Molière*, Paris, Plon, 1936.

BRAGA, Thomas, « The "le-là" conflict and "les" contract in *L'École des femmes* », *French Studies*, 1985, 41-50.

BECK, William, « La métamorphose avortée d'Arnolphe », *Revue d'histoire du théâtre*, 1988, n° 3, 265-272.

BERLAN, Françoise, « L'"ingénuité" d'Agnès. Étude d'un champ lexical dans *L'École des femmes* », *L'Information grammaticale*, 24 (1985), 20-27.

BOURBEAU-WALKER, « L'échec d'Arnolphe : loi du genre

ou faille intérieure ? », *PFSCL*, vol. XI, n° 20 (1984), 79-92.

CONESA, Gabriel, « Remarques sur la structure de *L'École des femmes* », *Revue d'histoire du théâtre*, 30 (1978), 120-126.

CORBELLARI, Alain, « Le séducteur par nature : le personnage d'Horace dans *L'École des femmes* », *PFSCL*, vol. XXIII, n° 44 (1996), 229-248.

DANDREY, Patrick, *L'Éloge paradoxal de Gorgias à Molière*, Paris, PUF, « Écritures », 1997.

—, « Structures et espaces de communication dans *L'École des femmes* », *Littérature*, n° 63 (oct. 1986), 65-89.

DEFRENNE, Madeleine, « *L'École des femmes* de Molière, une école de théâtre », [*in*] *Ordre et contestation au temps des classiques*, Paris, Seattle, Tübingen, PFSCL, « Biblio 17 », 1992, I, 73-86.

DOUBROVSKY, Serge, « Arnolphe ou la chute du héros », *Mercure de France*, t. CCCXLIII, n° 1177 (1er sept. 1961), 111-118.

DUCHÊNE, Roger, « Molière et la lettre », [*in*] *Mélanges... René Pintard*, Strasbourg, 1975, 261-273.

—, « *L'École des femmes* au XVIIe siècle », *Mélanges... Georges Mongrédien*, Paris, 1974, 143-155.

ÉMELINA, Jean, « *L'École des femmes* et le pittoresque », [*in*] *Hommage à Claude Digeon*, Nice, Publications de la Faculté des Lettres, n° 36, 1987, 41-49 (repr. dans *Comédie et tragédie*, même éd., « Traverses », 1998, 345-357).

FOURNIER, Nathalie, « De *La Précaution inutile* (1655) à *L'École des femmes* (1662) : la réécriture de Scarron par Molière », *XVIIe siècle*, n° 186 (1995), 49-60.

GAINES, James F., « *L'École des femmes* : usurpation, dominance and social closure », *PFSCL*, vol. IX, n° 17 (1982), 607-626.

GUTWIRTH, Marcel, « Arnolphe et Horace », *L'Esprit créateur*, n° 6 (1966), 188-196.

Hubert, Judd, « *L'École des femmes*, tragédie burlesque », *Revue des sciences humaines*, n° 97 (1960), 41-52.

Letts, Janet T., « *L'École des femmes* ou la défaite de la parole inauthentique », *Modern Language Notes*, mai 1980, 1023-1032.

Magné, Bernard, « *L'École des femmes* ou la conquête de la parole », *Revue des sciences humaines*, n° 145 (1972), 126-140.

Peacock, Noël A., « Verbal Costume in *L'École des femmes* », *Modern Language Review*, 1984, 541-552.

Picard, Raymond, « Molière comique ou tragique ? Le cas d'Arnolphe », *Revue d'histoire littéraire de la France*, 1972 (n° 5-6), 769-785.

Serroy, Jean, « Le petit chat est mort », *Recherches et travaux*, n° 28 (1985), 79-91.

—, « De *L'École des femmes* à *Britannicus* : il faut qu'une porte soit ouverte ou fermée », *Littératures classiques*, n° 27 (printemps 1996), 53-65.

Spencer, Catherine, « O grès suspends ton vol ! *L'École des femmes* ou l'esprit de la lettre », xviie siècle, n° 200, (1998), 483-490.

Tobin, Ronald, « Les mets et les mots : gastronomie et sémiotique dans *L'École des femmes* », *Semiotica*, 1984, 1/3, 133-145.

TABLE DES ILLUSTRATIONS

Verio (attr.) « Les Farceurs français et italiens depuis soixante ans et plus, peints en 1670 ». Paris, coll. de la Comédie-Française. © Photothèque Hachette 40

L'École des femmes. Archives LGF 47

Frontispice de *L'École des femmes*, édition collective de 1682, tome III. Dessin de Brissart, gravé par Sauvé. © Photothèque Hachette 96

Première représentation de *L'École des femmes*, 26 décembre 1662. Registre de La Grange (Archives de la Comédie-Française). © Photothèque Hachette 167

Louis XIII, Anne d'Autriche et le cardinal Richelieu, regardant le ballet de la Prospérité des Armées de la France dans la nouvelle salle des machines du Palais Cardinal. Ecole française, XVIIe siècle. Musée des Arts décoratifs, Paris. © Laurent-Sully Jaulmes 199

Table

Préface par Patrick Dandrey 7
   Note sur la présente édition 37

L'École des femmes

À Madame 43

Préface 45

Acte premier 49

Acte deuxième 74

Acte troisième 94

Acte quatrième 114

Acte cinquième 134

Dossier

Commentaires 163
   Les conditions matérielles de la création 163
      Du projet à la réalisation, p. 163. — La mise
      en scène de 1662, p. 169.

Table 222

L'action et les personnages............................ 173
    Dramaturgie de la « fâcherie », p. 173. —
    Horace et Arnolphe en quête d'Agnès : une
    rivalité, p. 176. — Arnolphe et Agnès en
    proie à Horace : une métamorphose, p. 180.
    — Agnès et Horace aux prises avec Arnol-
    phe : une commun[icat]ion parasitée, p. 184.

DOCUMENTS.. 191

CHRONOLOGIE 200

BIBLIOGRAPHIE... 211

TABLE DES ILLUSTRATIONS............................. 219

Cava (Ca-Fi)

Dépôt légal 1ʳᵉ publication : mars 1995
Édition 20-janvier 2009

Composition réalisée par NORD COMPO

Achevé d'imprimer en janvier 2009 en Espagne par
LITOGRAFIA ROSÉS S.A.
Gava (08850)
Dépôt légal 1ère publication : mars 1989
Édition 20-janvier 2009
LIBRAIRIE GÉNÉRALE FRANÇAISE – 31, rue de Fleurus – 75278 Paris Cedex 06